Kay Maeritz

INDONESIEN

UMSCHAU:

INHALT

	6	INDONESISCHE IMPRESSIONEN	
	8	Land und Wasser – indonesische Impressionen	
	22	SUMATRA	
	24	Der Gunung Leuser-Nationalpark	
	26	Das Batakland	
	28	Der Tobasee	
	30	Das Minangkabau-Hochland	
	32	Riau – ehemaliges Zentrum malaiischer Kultur	

	42	JAVA
	44	Der Garten der Menschheit
	46	Die alten Königreiche
	46	Das Königreich Mataram
	48	Das Reich Majapahit
	48	Neue Einflüsse – der Islam und die Holländer erreichen den Archipel
	54	Der Weg zur Unabhängigkeit
	56	Java heute
	56	Der Borobudur
	59	Die Tempel von Prambanan

	66	**BORNEO**	100	**BALI**
	68	*Borneo – Insel im Dunkel*	102	*Leben in Bali*
	70	*Brunei – Zwergstaat im Norden Borneos*	102	*Das balinesische Dorf*
	71	*Gunung Kinabalu – der höchste Berg Südostasiens*	114	**JENSEITS VON BALI**
	72	*Kalimantan – auf Borneos Diamantenflüssen*	116	*Indonesiens weiter Osten*
			118	*Die Kleinen Sundainseln*
			119	*Komodo – Besuch auf der Dracheninsel*
	75	*Am Mahakam*	120	*Flores*
	86	**SULAWESI**	122	*Timor – die geteilte Insel*
	88	*Sulawesi – zwischen Moderne und Tradition*	128	*Die Gewürzinseln – einsame Inseln im Osten*
	90	*Das Torajaland*	134	*Irian Jaya – Neuguineas unerschlossene Wildnis*
	92	*Ahnenkult und Totenfeiern*	136	*Das Baliemtal*

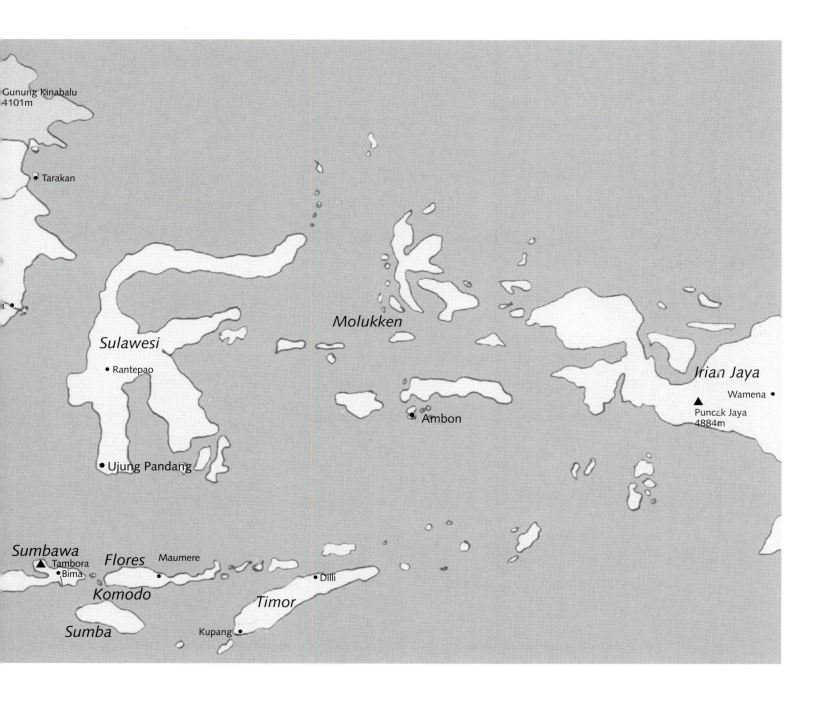

INDONESISCHE IMPRESSIONEN

Der „Malaiische Archipel" ist ein Band von über 13 000 Inseln, die sich 5000 Kilometer den Äquator entlang ziehen. Unberührte Sandstrände auf einsamen Inseln, Korallenriffe und eine phantastische Unterwasserwelt, kunstvoll angelegte Reisterrassen, die von den Kegeln der Vulkane überragt werden, und dichte Regenwälder sind nur einige der vielen atemberaubenden Facetten Indonesiens.

Die Völker Indonesiens sind im Zuge mehrerer Einwanderungswellen auf die Inseln des Archipels gelangt. Entsprechend groß sind die äußerlichen und kulturellen Unterschiede zwischen malaiischen, melanesischen und australoiden Völkern. Die Papua aus Irian Jaya sind Teil der Urbevölkerung Indonesiens und unterscheiden sich deutlich von den später zugewanderten malaiischen Völkern.

Land und Wasser – indonesische Impressionen

Anflug auf Indonesien. Unser Flugzeug kommt aus Jeddha, bringt indonesische Mekkapilger zurück in ihre Heimat. Kurz bevor die Maschine über indonesischem Gebiet anlangt – unter uns die Perlenkette der Andamanen im tiefblauen Meer – verschwinden unscheinbare Frauen in langen, weiten Gewändern, ihre Häupter mit Kopftüchern bedeckt, in den Bordtoiletten. Wenig später werden sie von strahlenden jungen Frauen, geschminkt und in Jeans, wieder verlassen. Dem religiösen Anspruch ist Genüge getan, für den Alltag im weltweit größten islamischen Land werden Kopftuch und sittenstrenge Kleidung nicht mehr benötigt.

Daß ausgerechnet Indonesien mehr Moslems beherbergt als irgendein anderes Land der Welt, bereitet den strengen Wächtern des Islams Unbehagen. Allzu nachlässig werden in ihren Augen hier die Regeln des Korans befolgt, allzu groß ist auch heute noch der Einfluß der dem Islam vorausgegangenen Religionen. Der adat, die überlieferte Tradition aus alten Religionen, ist vielerorts mit dem Islam – oder in christlichen Regionen auch mit dem Christentum – verwoben. Auf Java, wo rund sechzig Prozent der indonesischen Bevölkerung lebt, spielt vor allem die Sagen- und Götterwelt des Hinduismus eine immer noch bedeutende Rolle. Hier gibt es viele Anhänger der agama java, der „javanischen Religion", die offiziell als Moslems gelten, sich aber selbst nicht als solche verstehen. Doch erkennt die indonesische Verfassung nur fünf Religionen an, und zu einer dieser muß sich jeder Einwohner des Landes bekennen.

Unser Flug geht weiter über Sumatra. Flüsse mäandern durch dunkelgrünen Dschungel und Mangrovensumpfgebiete. Bilder von Tigern und Orang Utans kommen uns beim Anblick der Waldgebiete entlang der sumpfigen Ostküste unwillkürlich in den Sinn. Vorstellungen von Menschenfressern und Kopfjägern tauchen in der Phantasie auf. Der Tobasee im Zentrum Sumatras war noch bis Ende des 19. Jahrhunderts ein von einer geheimnisvollen Aura umgebenes Gebiet. Seine Bewohner, die Batak, galten mit ihren kannibalistischen Riten im fernen Europa als Inbegriff des Verabscheuungswürdigen und Barbarischen. Dem Grauen vor dem Unbegreiflichen und Andersartigen, der Angst vor dem offensichtlich Bösen und Schlechten verdanken die Batak jedoch auch ihre relativ eigenständige Entwicklung, ungestört von Unterdrückung und Fremdherrschaft. Doch ist das finstere Bild dieses Volkes keineswegs stimmig. So will die Tatsache, daß die Batak eine eigene Schrift kannten, nicht so recht in das Bild von den barbarischen

Einst bedeckten dichte Dschungel fast alle Inseln des heutigen Indonesiens. Allem Vordringen der Menschen zum Trotz finden sich auch heute noch einige der bedeutendsten Regenwaldgebiete der Welt in Indonesien.

Menschenfressern passen. Aber die Vorstellung von Kannibalismus als einer Form der Todesstrafe nach festgelegten Gesetzen war und ist mit den allgemein gültigen Moralgesetzen nicht in Einklang zu bringen.

Die Furcht der ersten Fremden, die in das Gebiet der Batak eindrangen, war auch durchaus berechtigt, da jedem Spion die Todesstrafe drohte – und jeder Fremde galt als Spion... So fielen viele der ersten Missionare, die, um die christliche Heilslehre zu verkünden, mit Meßgewändern und Monstranzen beladen, den mühevollen Aufstieg durch den tropischen Regenwald auf sich nahmen und die von zwei Vulkanketten eingeschlossene bataksche Hochebene erreichten, den Kannibalen zum Opfer.

Sumatra verschwindet aus unserem Blick, das Flugzeug schwenkt über das Meer. Jenseits der Straße von Malakka liegt schon die malaiische Halbinsel. Schließlich erreichen wir die seribu pulau, die „Tausend Inseln", vor Java, ein Perlenteppich aus Atollen und Eilanden. Über ein Achtel des Erdumfanges, über fünftausend Kilometer, erstreckt sich der größte Archipel der Erde entlang des Äquators. 13 677 Inseln sollen es sein – Irrtümer beim Zählen nicht ausgeschlossen!

In unseren Vorstellungen von diesen Inseln verweben sich mythische Phantasien mit der Realität. Die Entwicklungen in diesem Teil der Erde werden von Europa aus kaum zur Kenntnis genommen, dabei verändern sich gerade die Länder Südostasiens in rasantem Tempo.

Das wird sehr schnell nach der Landung in Jakarta deutlich. Eine Stunde dauert die Fahrt mit dem Flughafenbus über verstopfte Straßen durch die endlosen Vororte dieser Achtmillionenstadt, die mit ihren Hochhäusern und dem Verkehrschaos die austauschbaren Attribute moderner Metropolen überall auf der Welt besitzt. Indonesien ist eben nicht mehr nur ein unberührtes Tropenland. Moderne Städte und Industrieanlagen entstehen überall im Archipel und prägen das heutige Indonesien. Wer noch die Atmosphäre stiller und ursprünglicher Eilande erleben will, muß sich beeilen und weit hinaus fahren in die Inselwelt oder tief in das Innere der großen Inseln eindringen. Noch trifft man da und dort auf Völker, die ihre ursprüngliche Kultur leben, in und von einer großartigen Natur.

Tanah Air, Land und Wasser, nennen die Indonesier ihren Staat mit kontinentalen Ausmaßen treffend. Das Wasser ist das Element, das trennt und verbindet. Über das Meer kommen stets alle neuen Einflüsse, über das Meer wanderten die Vorfahren und Ureinwohner Indonesiens zu. Schiffe sind deshalb unverzichtbar für das Inselreich. Aber nicht nur zwischen den Eilanden, auch auf den Inseln sind sie oftmals die einzigen Fortbewegungsmittel. Die braunen Fluten der Flüsse sind häufig, wie in Kalimantan, dem indonesischen Teil Borneos, der einzige Weg durch unendliche Dschungelgebiete.

Fortbewegung in Indonesien erfordert Zeit. Warten auf Schiffsverbindungen, lange Fahrten über das offene, unter der Äquatorsonne glänzende Meer, tagelange Bootsfahrten durch den Dschungel bei monotonem, ohrenbetäubendem Tuckern der Motoren. Ereignislose Tage, an denen sich die heiße Luft aus dem Maschinenraum mit der schwülen, tropischen Hitze vermischt und mit dem schweren Atem der Wälder verbindet. Endlich erreicht das Boot sein Ziel – einen reglos in der glasigen Hitze dösenden Hafenort im Nirgendwo.

In diesen entlegenen Gebieten scheint sich Indonesien nicht sehr verändert zu haben, seit der Zeit, als die Figuren des Schriftstellers Joseph Conrad im Archipel lebten. Abends erfüllt der Rauch unzähliger Feuer das Land. Vor jedem Haus wird verbrannt, was sich im Lauf des Tages angesammelt hat. Laub und Küchenabfälle werden zusammengetragen und gehen in Rauch auf. Aber auch immer mehr Plastikmüll mischt sich unter die Abfälle. Der beißende Qualm der Plastiktüten durchdringt giftig die Rauchschwaden – beißend wie der Qualm, der aus den Spalten der Vulkane dringt, deren konische Gestalten sich beinahe allgegenwärtig über den Häuptern der Menschen erheben.

Von Sumatra über Java, die Kleinen Sundainseln, hinauf zu den Bandas, den Molukken und Nordsulawesi zieht sich der „Ring aus Feuer", der riesige Bogen der Gunung Api, der Feuerberge. Vulkan reiht sich an Vulkan. Kaum ein Jahr vergeht, in dem nicht einer dieser Tod und Leben bringenden Berge sich vernehmlich räuspert. Ohne die fruchtbare Vulkanasche wäre Java nicht der Garten Eden. Doch was das Leben so vieler Menschen auf engem Raum möglich macht, bringt immer wieder Tod und Verzweiflung. Der letzte große Ausbruch in Indonesien war der des Gunung Agung auf der „Götterinsel" Bali, just zu dem Zeitpunkt, als an seinem Fuß im Muttertempel Besakih das große, nur alle einhundert Jahre zelebrierte Eka-Dasa-Rudra Fest stattfinden sollte. Zerstörte Dörfer und mehr als zweitausend Tote waren rund um den Fuß des Vulkans zu beklagen. Der benachbarte Gunung Batur zerstörte gleich zweimal, 1917 und 1926, ein Dorf zu seinen Füßen. Doch die beiden berühmtesten und folgenreichsten Ausbrüche ereigneten sich im 19. Jahrhundert. Der neben dem Ausbruch des Vesuv wohl bekannteste Vulkanausbruch ist der des Krakatau im Jahre 1883. In

Fischer fahren immer noch allerorts im Archipel im frühen Morgengrauen mit kleinen Booten zum Fischfang aus. Neben Reis ist Fisch eine der Hauptnahrungsquellen.

seiner Folge konnten rund um die Erde feuerrote Sonnenuntergänge beobachtet werden. Die Eruption des Krakatau hatte sich Monate im voraus angekündigt. Erdstöße erschütterten wiederholt die Westküste Javas, dichte Rauchwolken stiegen aus dem Schlot des Vulkans auf. Dann, am Nachmittag des 26. August, explodierte der Vulkan in einer Serie lauter Donnerschläge, die bis Australien und Burma zu hören waren, Asche wurde sechsundzwanzig Kilometer weit in die Atmosphäre geschleudert. Schließlich brach am folgenden Morgen der ausgehöhlte Vulkan in sich zusammen und verursachte eine Flutwelle, die „höher als eine Palme" alles an den gegenüberliegenden Ufern hinwegspülte. Fünfunddreißigtausend Menschen sollen dabei ihr Leben verloren haben.

Dennoch übertraf die Explosion, die 1815 den Tambora auf Sumbawa zerriß, die Gewalt des Krakatau um das fünf- bis sechsfache. Ganz Sumbawa wurde auf Jahre verwüstet, fast alle der rund zwölftausend Einwohner Sumbawas kamen ums Leben, Tausende starben auf den benachbarten Inseln an den Folgen des Vulkanausbruchs. Allein auf Lombok sollen vierzigtausend Menschen verhungert sein. Die Welt erlebte in der Folge das Jahr, das als „Jahr ohne Sommer" in die Annalen einging, soweit verdüsterte die Asche des Tambora weltweit die Sonneneinstrahlung. Der Geograph und Naturforscher Franz Wilhelm Junghuhn beschrieb den Ausbruch des Tambora: „1815, den 5. April, nahm die furchtbare Eruption ihren Anfang. Sie offenbarte sich durch Explosionen, welche alle Viertelstunde gehört wurden, und erreichte am 10. April ihre größte Tätigkeit. Enorme Rauchsäulen stiegen aus dem Krater, der ganze Berg wurde mit glühender Lava übergossen, hüllte sich jedoch bald wieder in die Finsternis der Rauch- und Aschewolken, die sich weit ausbreiteten, so daß ein vorübersegelndes Schiff nur den Fuß des Vulkans erleuchtet und glühend sah. Die Detonationen waren so heftig, daß auf Sumbawa selbst die Häuser sprangen, daß zu Makassar (heute Ujung Pandang Sulawesi), in 210 Minuten Luftlinie, der englische Kreuzer Benares zu Rekognoszieren mit Truppen ausgesandt wurde, weil man die Schläge für schweres Kanonenfeuer hielt...

Auch das Gleichgewicht des Luftozeans wurde durch die übermäßige Erhitzung großer Lufträume gestört. An dem Unglückstag, an dem die unterirdischen Explosionen ihr Maximum erreicht zu haben schienen, erhob sich vormittags um 9 Uhr im westlichen Teil des Reiches Sangar, das an Temboro grenzt, ein Wirbelwind, der ganze Dörfer und Wälder umblies, die stärksten Bäume entwurzelte, und Bäume, Häuser, Menschen, Vieh, kurz alles, was er antraf, mit emporhob und wie Strohhalme in der Luft herumdrehte ...

Diese Erd- und Seebeben, Eruptionen und Wirbelwinde, Springfluten und

Im äußersten Osten des Archipels liegt Neuguinea, dessen westlicher Teil zu Indonesien gehört. Die Flora und Fauna scheinen einer ganz anderen Welt anzugehören. Viele der Vögel Neuguineas wie der Helmkassowar leben nur auf dieser Insel.

Feuerbrände waren die schrecklichen Begleiter des Emporquellens von geschmolzenen und glühenden Auswurfstoffen... Die feurigen Massen bedeckten den Berg bis an seinen Fuß im Meer. Von den Menschen, die nicht schon im Stadium der ersten Eruption den Tod fanden, kamen die meisten durch Hitze und feurige Glut ums Leben... Die Zerstörung dieser blühenden Reiche hatte sich durch Jahrhunderte durch Erdbeben, Meeresfluten, Orkane und begrenzte Eruptionen angekündigt. Sie war nun vollendet. Die grüne, lebensvolle, fruchtbare Landschaft war in eine graue, einförmige, tote Wüste verwandelt."

Nicht nur der größte Vulkanausbruch in historischer Zeit, sondern auch die größte bislang überhaupt bekannte Eruption fand im Gebiet des heutigen Indonesiens statt. Sumatra war vor zirka fünfundsiebzigtausend Jahren Schauplatz einer unvorstellbaren Katastrophe: eine einhundert Kilometer lange, dreißig Kilometer breite und mehrere hundert Meter tiefe Kaldera entstand, die heute zum guten Teil vom Tobasee bedeckt wird.

So unterschiedlich und vielfältig wie die Landschaften Indonesiens sind auch die Völker, die gemäß dem Motto „Einheit in der Vielfalt" unter indonesischer Fahne vereint wurden. Allein im fernen Irian Jaya, dem indonesischen Teil Neuguineas, finden sich über zweihundert Völker, entdeckten Linguisten rund zweihundertfünfzig Sprachen, fünfzehn Prozent aller bekannten Sprachen der Erde, gesprochen von weniger als einem Tausendstel der Weltbevölkerung. Größer ist auch die ethnische Vielfalt der USA nicht. Die australoiden Völker, die einst vermutlich über das ganze Gebiet Indonesiens verbreitet waren, wurden von den nachrückenden Austronesiern, die vor ungefähr fünftausend Jahren begannen, aus dem südchinesischen Raum über Taiwan und die Philippinen einzuwandern, verdrängt. Gegen 3000 v. Chr. teilte sich die Wanderbewegung der Austronesier. Ein Teil gelangte über Borneo auf die Sundainseln und nach Malaysia, der andere Teil besiedelte die Molukken und die Südsee bis nach Hawaii. Vor rund eintausendsechshundert Jahren erfolgte der letzte große Sprung der Austronesier über den indischen Ozean bis Madagaskar unmittelbar vor die afrikanische Küste. Damit war die austronesische Sprachfamilie, mit einer Ausbreitung von Hawaii bis Madagaskar, die in vorkolonialer Zeit räumlich am weitesten verbreitete Sprachgruppe überhaupt.

Im Laufe der letzten Jahrtausende nahmen die heutigen, malaiischen Völker Indonesiens getrennte Entwicklungen. Es entstanden Hunderte verschiedener Kulturen und Sprachen, je nach äußeren Einflüssen und dem Grad der Vermischung mit der australoiden Urbevölkerung. Einflüsse der Dongson-Kultur verbreiteten sich im ersten Jahrtausend v. Chr. über den ganzen Archipel. Megalithen, steinerne Zeugen dieser Kultur, finden sich bis heute von Nias bis zu den Molukken als Bestandteil vieler der bekanntesten Kulturen, wie bei den Batak in Sumatra, den Dayak-Völkern Borneos oder den Toraja auf Sulawesi. Diese Völker haben eine faszinierende Vielzahl an Baustilen und Schmuckornamenten hervorgebracht. Eine Vielfalt, die allerdings im modernen Indonesien unterzugehen droht, wo sich immer mehr ein einheitlicher westlich ausgerichteter Lebensstil durchsetzt. Junge Indonesier stehen ihrer eigenen Kultur weitgehend fremd gegenüber, Bräuche verkommen zu touristischen Attraktionen. Eine Entwicklung, die sich nicht aufhalten läßt, zumal sie von der Regierung begrüßt wird, da sie Spannungen zwischen den einzelnen Volksgruppen abbaut. Die Einheit in der Vielfalt droht dabei zu einer Einheit in der Undifferenzierbarkeit zu werden.

Die Tierwelt Indonesiens ist einzigartig in ihrer Variationsbreite. Neben der eurasischen Fauna findet sich auch die australische Fauna und eine Übergangsregion, in der vereinzelte Arten beider Regionen anzutreffen sind. Daneben existieren auf vielen Inseln endemische, d.h. nirgendwo sonst auf der Welt anzutreffende Tierarten, wie etwa das Babirusa auf Sulawesi, ein Tier das halb Wildschwein, halb Hirsch zu sein scheint.
Kaum ein Tier ist stärker mit Indonesiens Dschungel verbunden als der Orang Utan, der rötlich behaarte Cousin des Menschen. Die ehemals zu Hunderttausenden in den Dschungeln lebenden „Waldmenschen" sind in wenige kleine Gebiete in Borneo und Sumatra zurückgedrängt und akut durch das Vordringen des Menschen in die hintersten Winkel der Wälder bedroht. Andere Großsäuger, wie Tiger, Elefanten und Nashörner, die früher durch den dichten und geheimnisvollen tropischen Dschungel streiften, sind bereits in die Reservate zurückgedrängt worden. Und auch dort kann ihr Überleben nicht gewährleistet werden. Am Ostende des Landes findet sich ein weiteres Wappentier Indonesiens: der ebenfalls stark bedrohte Paradiesvogel.

Der "Ring aus Feuer", eine Kette von Vulkanen zieht sich über Tausende von Kilometern durch Indonesien. Die fruchtbare Vulkanasche macht die dichte Besiedlung vieler Gegenden erst möglich – zum Preis der ständigen Bedrohung durch die unberechenbaren Kräfte aus dem Erdinneren.

 Wasser ist das bestimmende Element in einem Land, dessen Staatsgebiet zum größten Teil vom Meer bedeckt wird. Bootsfahrten gehören zum Reisealltag in Indonesien.

Reisterrassen prägen die Landschaft Balis. Die in Jahrhunderten kunstvoll angelegten Terrassen fügen sich harmonisch in die Landschaft ein. Ohne die intensive Bewirtschaftung des Landes wäre Indonesien wie auch andere Teile Asiens nicht lebensfähig.

SUMATRA

 Sumatra – immer noch hat der Name der Insel einen mythischen Klang, hat sie den Ruf einer unberührten Insel mit endlosen Regenwäldern, die von Tigern und Schlangen durchstreift werden, als Heimat außergewöhnlicher Völker. Dabei ist Sumatra heute neben Java die bedeutendste Insel Indonesiens, nach Exporten, Bodenschätzen und landwirtschaftlichen Produkten gerechnet, sogar die Nummer Eins.

Der Gunung Leuser-Nationalpark

Nur wenige Fahrtstunden von Medan entfernt befindet sich das Orang Utan-Rehabilitationszentrum Bukit Lawang, am Eingang zum Gunung Leuser-Nationalpark. Hier werden junge Orang Utans, die durch Wilderer ihre Eltern verloren haben oder durch Waldrodungen heimatlos geworden sind, auf ein Leben im Dschungel vorbereitet. Am Parkeingang haben sich entlang des Flusses Hotels und Restaurants angesiedelt, und am Wochenende strömen die Besuchermassen aus dem nahen Medan hierher, um Erholung vom hektischen Treiben der Großstadt zu finden. Samstagnachts feiern kampierende Jugendliche beiderlei Geschlechts, ausgestattet mit Gitarren und Ghettoblastern, am Flußufer ausgelassene Parties. Von strengen islamischen Sittenvorstellungen läßt sich die städtische Jugend nicht mehr beeindrucken – und das an der Grenze zu Aceh, Sumatras nördlichstem, streng islamischen Bundesstaat.

Der Lärm der Wochenendausflügler schreckt die Orang Utans nicht ab. Im Gegenteil: vereinzelt kommen Menschenaffen aus dem Wald an den Fluß, der hier die Grenze des Parks markiert, oder sie hängen in den niedrigsten Zweigen, um sich füttern zu lassen. Geduldig nehmen sie die einzeln gereichten Erdnüsse entgegen – freilich nur so lange, bis sich die Möglichkeit ergibt, mit der ganzen Tüte im Baum zu verschwinden.

Gelegenheit zum hautnahen Kontakt. Einer der Orangs bleibt neben mir stehen, umfaßt mit seiner Hand meinen nackten Oberarm. Seine langen Finger liegen erst reglos auf meiner Haut, dann beginnt er leicht meine Muskeln zu massieren, kneift mich zart in den Oberarm, bis sich sein Interesse einem anderen Objekt, einer liegengebliebenen Zahnbürste, zuwendet, die sich bestens zum Kratzen eignet. Während er sich genüßlich den Nacken schabt, verformt sich die Bürste unter kräftigem Druck, bis sie fast zum Kreis gebogen ist.

Zweimal täglich besteht die Möglichkeit, einer Fütterung der Affen beizuwohnen. Dann hangeln sich die Tiere aus dem Dschungel zu einer Fütterungsplattform. Eine Mutter mit Kind, ein älteres Männchen und einige Jungtiere geben sich ein Stelldichein. Wer mehr sehen will, kann mit einem Führer tagelange Märsche durch den Dschungel unternehmen. Die Chance, im dichten Urwald auf einen Tiger oder ein Nashorn zu stoßen, ist mehr als gering. Dafür schallt das Kreischen von Affenfamilien in hohen spitzen Tönen durch das Blätterdach, wird mit etwas Glück der Blick auf eine Weißhandgibbon-Familie frei, wie sie gewandt von Ast zu Ast turnt und beinahe schwerelos von Baum zu Baum zu schweben scheint.

Jugendliche aus Medan verbringen das Wochenende in Bukit Lawang am Eingang zum Gunung Leuser-Nationalpark. Jenseits des Flusses beginnt der Nationalpark. Hier findet sich auch eine der zwei indonesischen Orang Utan-Aufzuchtstationen.

rechts: Die Häuser der Toba-Batak sind reich mit Ornamenten verziert.

Ein LKW verrostet am Ufer des Tobasees. An den weniger touristisch erschlossenen Orten, wie hier in Harranggaol, ändert sich das Leben nur langsam.

Das Batakland

Wie schnell sich Indonesien verändert, zeigt das im Hochland Nordsumatras gelegene Brastagi besonders deutlich. Vor zehn Jahren ein Bergstädtchen mit schlammigen Seitenstraßen und alten Chevrolet-Taxis, besitzt Brastagi heute eine vierspurig ausgebaute Hauptstraße, haben die kleinen familiären Hotels Konkurrenz durch große Hotelanlagen bekommen. Besucher aus Medan, Singapur und Malaysia kommen am Wochenende und für Kurzurlaube hierher. Wo heute ein ordentlicher Gehsteig ist, saßen vor zehn Jahren noch die Marktfrauen, boten Gemüse, Zwiebeln, Passionsfrüchte und die schlangenhäutigen Salak an.

Die Kultur der Batak unterlag hinduistischen und buddhistischen Einflüssen, allerdings mit starken Elementen aus der Zeit der austronesischen Einwanderer vor rund fünftausend Jahren. Ihren kannibalistischen Riten verdanken die Batak den schlechten Ruf als grausame Menschenfresser. So schrieb Ptolemäus von Menschenfressern, die auf Inseln östlich von Indien lebten und übertrug den schlechten Leumund des Batak-Volkes auf ganz Sumatra, die als unwirtliche, von undurchdringlichem Dschungel bedeckte und von schrecklichen Kannibalen bewohnte Insel gefürchtet wurde. Die Berichte von Menschenopfern stammten allerdings immer vom Hörensagen. Weder Marco Polo noch die portugiesischen Seefahrer des 16. Jahrhunderts konnten ihre Erzählungen als Augenzeugen belegen. Der Geograph Junghuhn lebte 1840/41 mehr als ein Jahr bei den Batak. Er lieferte als erster detaillierte Berichte. Allerdings konnte er in den anderthalb Jahren seines Aufenthaltes nur von drei Fällen von Kannibalismus berichten, die er selbst beobachtet hatte.

Sechzehn Kilometer von Brastagi entfernt liegt Lingga, ein traditionelles Dorf der Karo-Batak. Die Dörfer der Karo-Batak unterscheiden sich deutlich von denen der Toba-Batak. Die Häuser sind größer und waren für einen ganzen Familienverband ausgelegt. Bis zu acht Familien lebten hier unter einem Dach. Heute werden sie nur noch von einzelnen Familien bewohnt. Die dreifache Unterteilung der Häuser steht für den Kosmos der Batak. Unter dem auf Pfählen ruhenden Haus, dem kosmologischen Bereich der Unterwelt entsprechend, lebten die Tiere. Dann kam der dem Menschen vorbehaltene Raum, die Mittelwelt, im hohen Gebälk der Häuser hingen heilige Gegenstände, die der den Göttern vorbehaltenen Oberwelt zuzurechnen waren.

Schon vor zehn Jahren mußte man, um Lingga betreten zu dürfen, Eintritt bezahlen. So erwarte ich bei meinem zweiten Besuch, daß sich hier viel verändert hat, erwarte Zeichen des Wohlstandes, der sich durch die vielen Besucher angesammelt haben muß. Doch wirkt das Dorf immer noch arm, einige der traditionellen Häuser sind mittlerweile sogar zusammengefallen. Von zwanzig Jahren Tourismus, zwanzig Jahren mit ständig durch das Dorf bummelnden und fotografierenden Touristen, haben nur wenige Einwohner profitiert. Die Tagesbesucher sind bei Einbruch der Dunkelheit alle wieder verschwunden, ohne viel Geld im Dorf zurückzulassen. Dafür bettelt heute jedes Kind. Eine italienische Gruppe bringt die Zooatmosphäre auf den Punkt. Einige Kinder stehen verborgen im Eingang eines Hauses. Um sie dennoch aufs Bild zu bekommen, wirft eine Frau einige Bonbons auf die Veranda. Die Kinder stürzen heraus, um die Süßigkeiten einzusammeln, während die Auslöser klicken und die Videokameras leise surren.

Hinter Brastagi liegt der Gunung Sibayak. Einer der vielen Vulkane, die prägenden Einfluß auf das Landschaftsbild und auch auf das Weltbild der Batak ausüben. Mächtig, drohend, unberechenbar. Leben unter ihren grauen Zinnen ist zwangsläufig vom Bewußtsein ständiger Bedrohung gefärbt, bestimmt durch das Gefühl, stärkeren Mächten ausgeliefert zu sein. Anmarsch durch die Reisfelder. Der Berg stemmt sich breitschultrig aus dem Boden. Vor elf Jahren bin ich diesen Weg schon einmal gelaufen. Meine Notizen von damals scheinen einen anderen Berg zu beschreiben: „Der Dschungel läßt sich gut an. Trockener Pfad, Affen kreischen in den Baumwipfeln, Bilderbuchdschungel – für einige Minuten, dann kommt der Baaz, Matsch, Morast, mal glitschig, der Fuß rutscht ab, bis er in einem Schlammloch steckenbleibt, mal bodenlos, überbrückt durch schmierigen Bambus. Der Schweiß perlt auf der Stirn, tröpfelt aus den Augenbrauen. Steil, immer steiler windet sich der Pfad durch den Schlamm. Nur nicht ausrutschen, ich möchte keinesfalls einige Meter durch den Dreck rutschen." Diese Gefahr besteht heute nicht mehr. Der gesamte Weg ist durch Betonstufen auf Ausflügler vorbereitet. Ihr Zustand läßt vermuten, daß sie schon mindestens zehn Jahre den Weg zieren. Überall sind Löcher in den Wald geschlagen, die Affen haben sich längst eine andere Bleibe gesucht. Der gesamte Weg ist streckenweise zu einer Müllkippe geworden. Den Wegrand zieren Lebensmittelverpackungen, Zigarettenschachteln und achtlos weggeworfene Getränkedosen.
Dafür ist das Wetter besser als bei meinem letzten Besuch, der Krater nicht hinter einer weißen, feuchtkalten Nebelwand versteckt. Laut fauchend fährt

Vielerorts verfallen die traditionellen Häuser der Batak. Selbst im „Museumsdorf" Lingga ist das Interesse am Erhalt der alten Bauten nur mäßig. Die Aufrechterhaltung kostet Geld und Zeit, und die meisten Familien leben mittlerweile lieber in eigenen Häusern.

Schwefeldampf aus Ritzen und Löchern, erinnert an einen überdimensionalen Schweißbrenner oder an ein startendes Flugzeug. Männer kratzen den reinen Schwefel trotz der ätzenden, beißenden Luft rund um die Fumarolen in Säcke, um ihn ins Tal zu transportieren, wo der Schwefel für industrielle Zwecke aufbereitet wird. Jenseits des Kraterrandes schweift der Blick zum nächsten Vulkan. Der perfekte Kegel des Gunung Sinabung ragt nur einige Kilometer weiter westlich in den Himmel.

Der Tobasee

Tief unten im Schoß der Hochebene liegt er verborgen. Glänzend, spiegelnd, verlockend – einsam, kalt, tot: der Tobasee. Eindrücke von der Abbruchkante aus vierhundert Meter Höhe, wo die Hochebene unvermittelt in die Tiefe stürzt, hinab in die größte Kaldera der Welt, die infolge des größten bekannten Vulkanausbruchs auf unserem Planeten vor zirka fünfundsiebzigtausend Jahren entstanden ist. Hundert Kilometer Länge und dreißig Kilometer Breite mißt der Riß in der Erdoberfläche. So unvermittelt und ohne jedes Anzeichen stürzen die Wände in die Tiefe, daß man nur wenige Kilometer vom Ufer entfernt nichts von der Existenz des größten Sees Südostasiens erahnt. So hielten auch die ersten Forscher den See lange für ein Gerücht.

Ein Sträßchen windet sich hinab zum Seeufer. Bäume huschen vorbei, vereinzelt blitzt der See tief unten auf und verschwindet wieder aus der Sicht. Herbe Schönheit, verborgener Mittelpunkt der batakschen Mittelwelt. Im Zentrum trägt er Samosir, die große Insel im riesigen Tobasee auf einer Insel so groß wie Deutschland und Österreich zusammen inmitten des Indischen Ozeans.
Wir setzen in einem dieselgetriebenen Schiff über. Flackernde Hitze lastet über dem See. Der Passagierraum ist nicht mehr als eine überdachte Ladefläche. Maschinenlärm und heiße Luft vereinigen sich. Die Aussicht ändert sich. Wolken schieben sich über den Abbruch der Hochebene, die Ufer rücken dicht zusammen. Unser Schiff tuckert in einen schmalen Seitenarm zwischen den sich steil aus dem Wasser schiebenden Abhängen und der Insel Samosir, die nur durch eine Landbrücke mit dem Festland verbunden ist. Das Boot läuft mit unverminderter Kraft auf das Ufer zu. Ich warte auf das Kommando „volle Kraft rückwärts!" – vergebens. Der breite Kiel schiebt sich auf den flach ansteigenden Strand. Hier werden die ersten Passagiere samt Fensterrahmen und Reisschnaps, Cola, Reis und Krabbenbrot auf

Samosir abgesetzt. Ölfässer, verbeulte rote Tonnen, werden einfach über Bord gekippt, schlagen spritzend in den See, um dann friedlich vor dem Ufer zu dümpeln.

Nicht überall ist Samosir so ruhig. Rund um Tuk Tuk hat sich das Zentrum des Tourismus am Tobasee entwickelt. Unzählige kleine Hotels säumen das Ufer der Insel.

Das Minangkabau-Hochland

Das fruchtbare Hochland zu Füßen einer Vulkanreihe ist eines der landschaftlich und kulturell interessantesten Gebiete Indonesiens. Seit Jahrtausenden ist das Gebiet besiedelt. Den Goldminen West-Sumatras verdankte Sumatra seinen alten Namen Svarnadvipa, Goldinsel. Schon im indischen Epos Ramayana ist Sumatra lange vor Christi Geburt unter diesem Namen erwähnt. Bis Griechenland drang der Ruf Sumatras. Im 7. Jahrhundert bildete sich weiter im Süden der Insel das mächtige, buddhistische Königreich Srivijaya („Glorreicher Sieg"), das bald weite Teile Sumatras und der malaiischen Halbinsel sowie den schon damals bedeutenden Seehandel durch die Straße von Malakka unter seine Kontrolle brachte. Der chinesische Mönch Yijing berichtet von einem blühenden kulturellen Leben. Mehr als eintausend buddhistische Mönche sollen seinerzeit in Palembang, der heutigen zweitgrößten Stadt der Insel, gelebt haben.

Vom Minangkabau-Hochland ist aus dieser Zeit nicht viel bekannt. Erst im 14. Jahrhundert erscheint es für kurze Zeit in den Annalen, als Adityavarman, Sohn einer Prinzessin aus Sumatra und eines javanischen Prinzen, sich mit seinem Vasallenstaat löste und sein Machtzentrum in das Hochland verlegte, vermutlich, um das Gebiet der Goldminen sicher unter seiner Kontrolle zu haben. Er bezeichnete sich denn auch als der „Herr des Goldlandes". Das Gold war es auch, das den nächsten Umbruch nach sich ziehen sollte. Moslemisch-arabische Händler waren schon lange bis zu den Sundainseln vorgedrungen, aber erst als das nordindische Handelszentrum Gujarat zum Islam bekehrt worden war, faßte der Islam auch auf Sumatra und anderen indonesischen Inseln Fuß.

Dennoch konnte sich im Minangkabau-Hochland eine einzigartige Mischung aus Islam und matrilinearen Verwandtschaftsbeziehungen bis heute halten. Grundbesitz und Häuser werden in weiblicher Linie weitergegeben, gemeinschaftlich besessen und dürfen nicht veräußert werden – ein Grundsatz, der

Das „Tobameer", wie der Tobasee früher auch genannt wurde, erstreckt sich auf einer Länge von rund 100 Kilometern und bedeckt rund 1150 Quadratkilometer mit Wasser. Allein die Insel Samosir ist mit 530 Quadratkilometern beinahe so groß wie der Bodensee.

sich gegen den Islam behaupten konnte, aber modernem merkantilem Denken nicht mehr lange trotzen kann.

Entgegen weitverbreiteter Vorstellungen ergibt sich aus dieser Form des Matriarchats nicht, daß Frauen die Befehlsgewalt innehaben. Zwar kommt der eingeheiratete Mann lediglich zu Besuch und hat gegenüber seinen eigenen Kindern keine Rechte, dafür aber muß die Frau die Befehlsgewalt mit den im Hause lebenden Brüdern und Onkeln teilen – soweit die Großfamilie nicht schon der Kleinfamilie gewichen ist.

Ausflug in die Umgebung von Bukittinggi. Die Sonne scheint durch den Frühnebel von einem makellos blauen Himmel, reflektiert in Tausenden spiegelnd über das Tal gegossenen Reisfeldern. Das Sträßchen windet sich den Berg hinauf, eingeklemmt zwischen den Vulkanen Merapi und Malintang, hindurch zwischen Reisterrassen, Kaffeesträuchern, Bananenstauden, Zimt- und Nelkenbäumen. Wir stoppen an einem Markt. Hühner, geschlachtet oder lebend, traditionelle Medizin, Gemüse, Zwiebeln stehen zum Angebot. Zimtstangen werden gehandelt. Nichts an der knapp einen Meter langen gerollten Baumrinde deutet darauf hin, daß aus ihr das bräunliche, süßlich duftende Pulver wird. An der Straße werden Nelken getrocknet. Beides neben dem Pfeffer ehemals begehrte Exportartikel, die Handelsschiffe aus aller Welt anlockten. Außer der überbordenden Fruchtbarkeit des Gebietes verleihen die Vulkanseen, wie der Maninjau in einer steilen Kaldera, dem Gebiet seinen außerordentlichen Reiz. Die Straße führt in endlosen Windungen den steilen Abbruch in den ehemaligen Krater hinab. Wo einst die Urgewalten tobten, liegt heute ein friedlicher See, der zum Baden und Entspannen lockt. Nur an wenigen Stellen fallen die bewaldeten Hänge nicht direkt bis in den See ab.

In Balimbing, einem noch weitgehend ursprünglichen Ort, dient ein rumah gadang, ein traditionelles Haus, gleichzeitig als Museum und als Gemeindehaus, in dem Familien ohne Bleibe untergebracht werden. Vom langen Raum mit seinem vom Kochen kohlschwarzen Gebälk gehen sieben kleine Schlafkammern ab. Doch auch in Balimbing läßt die Begeisterung für die schönen, verzierten traditionellen Häuser nach. Einige der großen Häuser drohen einzustürzen, und die jüngeren Dorfbewohner ziehen lieber in kleine Einfamilienhäuser.

Riau – ehemaliges Zentrum malaiischer Kultur

Nur wenige Kilometer vor Singapur, ein kurzer Sprung mit modernen Schnellbooten, liegt der Riau-Archipel. Seitdem im August 1511 Malakka von den Portugiesen besetzt wurde, verlagerte sich der Mittelpunkt der malaiischen Welt weiter nach Süden. Von Johor und dem Riau-Archipel wurde nicht nur der größte Teil der malaiischen Halbinsel, sondern auch Teile von Sumatras Osten, das sogenannte malaiische Sumatra, beherrscht. Auch Singapur war Teil des Archipels, bis Stamford Raffels 1819 die Insel in einem Abkommen mit Johor als britischen Handelsstützpunkt erhielt. Ziel war in erster Linie, die Expansion der holländischen Ostindien-Kompanie zu stoppen. Auf Penyangat, einer kleinen, vor der Küste Bintans gelegenen Insel, ließ sich ein Teil der aus Malakka vertriebenen Herrscherfamilie nieder. Die Insel ist so klein, daß sie sich trotz ihrer Bedeutung als ehemaliges kulturelles Zentrum der malaiischen Welt auf kaum einer Karte wiederfindet. Auf der Insel selbst weist wenig auf ihre ehemals bedeutende Rolle hin. Lediglich einige teilweise verfallene und mittlerweile mit tropischem Grün überwucherte Gebäude im Kolonialstil des 19. Jahrhunderts sowie vereinzelte Grabstätten islamischer Gelehrter erinnern an ihre einstige Blütezeit. Auf einem Hügel findet sich auch das Grab des malaiischen Herrschers Raja Haji, der im 18. Jahrhundert von den Holländern getötet wurde. Die Holländer gestatteten die Rückführung seiner Leiche nur unter der Bedingung, daß sein Grab kein Pilgerziel werden dürfe. Um dieses Verbot zu umgehen, wurde ein berühmter moslemischer Gelehrter neben seinem Grab beigesetzt, so daß alle Besuche offiziell dessen Grab galten.

Riau hat seine geschichtliche Bedeutung schon lange eingebüßt. Heute bestimmt Singapur die Geschicke des Archipels. Billige Arbeitskräfte und günstige Boden- und Energiepreise locken Industrie aus Singapur über die nur zwanzig Kilometer breite Straße von Singapur.
Batam, wo vor einigen Jahrzehnten nur Mangrovensümpfe und einige von orang laut, Seenomaden, bewohnte Dörfer zu finden waren, hat sein Gesicht bereits radikal verändert. Die Infrastruktur für den erwarteten Boom wurde geschaffen, ein Containerhafen ist entstanden und der internationale Flughafen soll neben Jakarta der wichtigste Indonesiens werden.
Auch das immer noch verschlafen wirkende Tanjung Pinang und Bintan werden ihr Gesicht in kürzester Zeit radikal verändern. Bis zur Jahrtausendwende werden über sieben Millionen Besucher jährlich erwartet – zumeist Ausflügler aus Singapur.

Vom kulturellen Zentrum der malaiischen Welt auf dem Riau-Archipel sind nur einige wenig beeindruckende Reste erhalten geblieben.

Die Häuser der Minangkabau sind mit ihren geschwungenen Giebeln vielleicht die elegantesten Indonesiens.

Auf einem Markt in der Nähe von Bukittinggi wird unter anderem auch die Rinde des Zimtbaumes gehandelt.

 Auch wenn das Fernsehen noch nicht jedes Haus erreicht hat, so ist es aus dem täglichen Leben nicht mehr fortzudenken. Selbst in einfachen Teestuben finden sich schon Fernsehgeräte.

Der Orang Utan bevölkerte einst zu Hunderttausenden die Dschungel Sumatras und Borneos. Mit dem Vordringen der Menschen in die entlegensten Winkel der Inseln wird der Lebensraum für die scheuen Tiere knapp.

Die Landschaft Westsumatras zählt zu den schönsten Indonesiens. Der Harau-Canyon ist nur eine von vielen landschaftlichen Sehenswürdigkeiten.

JAVA

Java ist das kulturelle und politische Zentrum des Archipels. Hier werden die Geschicke des Inselreiches entschieden. Mehr als die Hälfte der Bevölkerung Indonesiens lebt dichtgedrängt im „Garten der Menschheit", wie die fruchtbare Insel poetisch genannt wird. So paradiesisch die Insel auch wirkt, selbst der Garten Eden wäre mit einer solchen Bevölkerungsdichte überfordert.

Der Garten der Menschheit

Java ist eine der fruchtbarsten Gegenden unserer Erde, ein tropischer Garten Eden. Die Insel galt lange Zeit als Wiege der Menschheit. Hier wurden Knochen eines Primaten gefunden, der eindeutig menschliche Züge aufwies. Dieser nach seinem Fundort benannte Java-Mensch wird heute dem homo erectus zugeordnet. Doch machte das afrikanische Rift Valley Java den Rang als Geburtsstätte des Menschen streitig. Nach neuesten Messungen allerdings sind die Funde auf Java älter als bislang angenommen. Der Java-Mensch kann nun wieder den Wettstreit um die Ahnherrschaft des Menschen aufnehmen. Einiges spricht ohnehin dafür, daß sich die Menschwerdung an verschiedenen Orten in Afrika und Asien parallel vollzog, wobei die unterschiedlichen Gruppen der Frühmenschen sich immer wieder vermischten.

Ein weiterer Schädelfund, der des Solo-Menschen, der auf ein Alter von rund hunderttausend Jahren geschätzt wird, unterstreicht die These von der frühen und kontinuierlichen Besiedlung dieses fruchtbaren Lebensraumes. Als während der Eiszeiten riesige Wassermengen in Gletschern gebunden waren und der Meeresspiegel deshalb bis zu einhundert Meter niedriger lag als heute, konnten die Frühmenschen trockenen Fußes die drei Großen Sundainseln und Bali erreichen. Dort setzte der tiefe Meeresgraben, der Lombok, Sulawesi und die anderen weiter östlich gelegenen Inseln von der Sundaplatte trennt, den Wanderungen eine unüberwindbare Grenze. Wann genau es dem Menschen gelang, die weiter östlich gelegenen Inseln und Australien zu besiedeln, ist strittig. Daß Borneo vor rund vierzigtausend Jahren von Australoiden bewohnt wurde, steht nach dem Fund des bislang ältesten entdeckten Schädels eines homo sapiens außer Frage. Er dürfte den direkten Vorfahren der heutigen Ureinwohner Neuguineas und Australiens zuzurechnen sein.

Vor rund fünftausend Jahren stieß eine neue Bevölkerungsgruppe in das Gebiet des Archipels vor. Die mongolischen Austronesier zogen über das Meer, über Taiwan, die Philippinen und schließlich über Borneo bis nach Java. Mit ihrer überlegenen Waffentechnik gelang es ihnen, die Australoiden in die Gebirge oder nach Osten abzudrängen. Die restlichen Populationen wurden größtenteils von der stärkeren Kultur aufgesogen. Mit den Neuankömmlingen setzte das Neolithische Zeitalter ein, dessen Zeugnisse sich im ganzen Archipel finden. Es entstanden die ersten Dörfer, Haustiere

Java bietet eine ganze Reihe sehenswerter und zum Teil leicht zugänglicher Vulkankrater. Der bekannteste dieser Vulkane ist der Bromo im Tengger-Massiv in Ostjava. Inmitten einer Mondlandschaft erhebt sich der kurze Kegel des Bromo, dessen Vulkanschlot unerwartet tief hinabreicht.

wurden gehalten, Steinwerkzeuge und Tongefäße hergestellt und Lebensmittel angebaut. Vor zirka zweitausend Jahren begann auch auf Java die Bronzezeit. Zu dieser Zeit setzte vermutlich auch der indische Einfluß auf den Inseln ein. Funde belegen einen regen innerasiatischen Handel. So kann man annehmen, daß kulturelle Einflüsse aus Indien im Zuge des Küstenhandels die Sundainseln erreichten.

Die alten Königreiche

Schon im indischen Epos Ramayana, das ca. 300 Jahre v. Chr. entstand, wird Java als Javadvipa, als Getreideinsel, erwähnt. Im Ramayana wird es als reich an Getreide und Gold beschrieben, so daß vermutlich schon lange vor der Zeitenwende javanische Händler bis Indien segelten. In den ersten Jahrhunderten des ersten Jahrtausends wuchs der Warenaustausch zwischen den asiatischen Staaten stark an.

Die ersten schriftlichen Zeugnisse aus Java stammen aus dem 5. Jahrhundert und erwähnen das Königreich Tarumanegara in der Gegend des heutigen Bogor. Die Inschriften sind in der südindischen Pallava-Schrift verfaßt. Dies deutet auf den übermächtigen Einfluß der indischen Kultur hin, dem sich kein Königreich zwischen Kambodscha und Java entziehen konnte. Im gesamten südostasiatischen Raum entstanden Kulturen, in denen eigene Vorstellungen mit indischen Elementen verschmolzen.

Auch China unterhielt zu dieser Zeit mit mehreren javanischen Höfen Beziehungen, wovon chinesische Quellen berichten. Für mehrere Jahrhunderte bleiben dies auch die einzigen schriftlichen Zeugnisse, auf die sich die Geschichtsschreibung stützen kann. Im 7. Jahrhundert gelangte das buddhistische Königreich He-Ling auf Java zu Blüte und Macht. Es wird von den chinesischen Quellen als unermeßlich reich beschrieben. Viele der großartigen buddhistischen Bauten gehen auf diese Periode zurück.

Das Königreich Mataram

Erst ab dem 8. Jahrhundert gibt es fragmentarische Aufzeichnungen aus Java selbst. Damals konkurrierten die buddhistischen Sailendras und die hinduistischen Sanjayas um die Macht in Zentraljava. Der hinduistische König Sanjaya ist der erste, dessen Name als Herrscher des Königreichs Mataram überliefert ist. Sein Nachfolger mußte sich den buddhistischen Sailendras unterwerfen. Diese begannen Ende des 8. Jahrhunderts mit einer regen Bautätigkeit zu Füßen des „Brennenden Berges", des Gunung

Die Buddhastatuen des Borobudur strahlen Ruhe und stille Gelassenheit aus.

Merapi. In rund fünfzig Jahren wurde hier – mehrmals überarbeitet – der Borobodur, das größte buddhistische Bauwerk der Welt, errichtet. Die Ebene zu Füßen des Merapi muß zu dieser Zeit bereits dicht besiedelt gewesen sein, um genügend Arbeitskräfte für dieses und die folgenden Bauwerke bereitstellen zu können. Gegen 832 heiratete eine Königin aus der Linie der Sailendras einen König aus der Sanjaya-Dynastie, die in vorhergehenden Jahrzehnten im Vasallenstatus stand. Durch die Heirat konnten die Sanjayas wiederum die Oberhand gewinnen. Sie entwickelten ebenfalls eine fieberhafte Bautätigkeit, um mit dem Prambanan ein hinduistisches Gegenstück zum Borobodur zu errichten. Balendra, ein Mitglied der Familie der Sailendras, versuchte gegen die Machtübernahme zu rebellieren, mußte jedoch nach Südsumatra ins mächtige buddhistische Königreich Srivijaya fliehen, dessen Herrscher mit den Sailendras verwandt waren. Balendra wurde König dieses mächtigsten Gegners des Königreichs von Mataram. Da das Königreich Srivijaya die Seefahrt und den Handel im südostasiatischen Raum beherrschte, konnte es den Seehandel des Königreichs Mataram blockieren.

Ungeklärt ist bislang, warum das Reich von Mataram seinen Sitz plötzlich in den Osten Javas verlegte. Ob die Seeblockade, ein Ausbruch des Gunung Merapi oder womöglich eine Seuche den Ausschlag gaben, geht aus keiner der bekannten Quellen hervor. Die Streitigkeiten zwischen den rivalisierenden Reichen gingen jedoch weiter. Gegen 990 gelang es Mataram, Srivijaya zu überfallen und für zwei Jahre besetzt zu halten. 1016 jedoch wurde das Reich Mataram zerstört und sein König getötet.

Dem Kronprinzen Matarams, Airlangga, gelang es im Lauf mehrerer Jahrzehnte, sein Reich zurückzuerobern. Airlangga war ein Förderer der Künste und ließ das Ramayana vom Sanskrit ins Javanische übertragen. Erst damit dürfte das indische Denken auch die Masse der javanischen Bauern erreicht haben. Bis heute üben das Ramayana und andere indische Dramen, die allerdings um indonesische Varianten bereichert wurden, einen kaum zu überschätzenden Einfluß auf das Denken der Javaner aus.

Nach Airlanggas Tod zerfiel Mataram endgültig. Java selbst kam in den nun folgenden Jahrhunderten zu einer nie zuvor gekannten kulturellen und wirtschaftlichen Blüte. Dabei entwickelten sich die Javaner zu hervorragenden Schiffsbauern und Seefahrern und bestimmten bald den gesamten Seehandel durch die Straße von Malakka.

Das Reich Majapahit

Im 13. Jahrhundert entwickelte sich Singahasari, in der Nähe des heutigen Malang gelegen, zum Machtzentrum Javas. Das Reich wurde so wohlhabend, daß Kublai Khan, der mongolische Herrscher Chinas, Gesandte schickte, um Tributzahlungen zu fordern. Aber der König von Singahasari, Kartanegara, fühlte sich so stark, daß er das Gesicht des Abgesandten verstümmeln ließ und ihn so zurückschickte.

Der dergestalt beleidigte und verhöhnte Kublai Kahn sandte eine Kriegsflotte, um Kartanegara töten zu lassen. Doch als sie 1293 eintraf, fand sie Kartanegara ermordet und das Land im Krieg zwischen zwei um das Erbe streitenden Parteien. Ausgerechnet dem Schwiegersohn Kartanegaras, Vijaya, gelang es, die chinesischen Truppen zum Eingreifen auf seiner Seite zu bewegen. Nach etwa einjährigen Kämpfen war sein Sieg sichergestellt. Und sofort ließ Vijaya die Generäle der chinesischen Truppen gefangensetzen und die führungslosen Truppen zur schmachvollen Rückkehr auf die Schiffe treiben.

Die Wächterstatuen bei Singosari gehören zu den wenigen Überresten des Reiches Singahasari.

Es folgte nun auf Java das sogenannte goldene Zeitalter von Majapahit. Seinen Höhepunkt erreichte das Reich unter Hayam Wuruk und Gajah Mada. Zu dieser Zeit hatte Majapahit die größte Ausdehnung, die ein javanisches Königreich jemals erlangte. Allerdings ist fraglich, ob alle von den Chronisten aufgezählten Staaten wirklich abhängig von Majapahit waren oder ob lediglich intensive Beziehungen bestanden. Auf jeden Fall beruft sich Indonesien heute darauf, daß auch seine entfernten Gebiete seit dem Reich Majapahit rechtmäßiger Bestandteil Indonesiens seien.

Nach Hayam Wuruks Tod brach sein Reich aufgrund von Erbfolgestreitigkeiten auseinander. Ein Schicksal, das typisch für die großen indonesischen Reiche war, gab es doch wie bei den indischen Vorbildern kein Erbfolgerecht, das die Bildung stabiler Machtzentren gefördert hätte. Noch vierzehn Jahre nach Wuruks Tod brach im Streit um die Vorherrschaft zwischen seinem Sohn und seiner Tochter ein dreijähriger Krieg aus.

Neue Einflüsse – der Islam und die Holländer erreichen den Archipel

Ein weiterer destabilisierender Faktor für die großen indonesischen Reiche war die allmählich einsetzende Islamisierung. Der Islam kam nicht mit Krieg und Gewalt, sondern verbreitete sich friedlich über die Handelshäfen. Den entscheidenden Impuls bekam die Islamisierung, als sich das nordindische

Am Fuß des Prambanan-Tempelkomplexes finden sich Reliefs, auf denen das hinduistische Epos Ramayana *dargestellt ist.*

Handelszentrum Gujerat zum Islam bekannte. Von dort breitete sich der islamische Glaube langsam über Nordsumatra und Malakka im Archipel aus. Der Seehandel war zu der Zeit von den Monsunwinden abhängig. Das bedeutete, daß die Strecke über den Indischen Ozean in jeder Richtung nur jeweils einmal im Jahr möglich war. Dadurch hatten viele moslemische Handelsherren Niederlassungen in den Häfen, in denen sie sich monatelang aufhielten, um zu warten, zu handeln, aber auch zu heiraten. Die Küstenreiche von Demak, Banten und Cirebon wurden so zu moslemischen Sultanaten. Einen entscheidenden Anstoß zur Islamisierung brachte ausgerechnet die Eroberung des islamischen Handelszentrums Malakka durch die Portugiesen 1511, da sich die moslemischen Händler in der Folge nach anderen freundlich gesinnten Stützpunkten umsahen, in denen sie wiederum den Islam einführten.

Europa importierte zu dem Zeitpunkt schon seit zwei Jahrtausenden Luxusgüter aus dem fernen Asien. Doch bis die Güter Europa erreichten, gingen sie durch viele Hände und waren vielen Zufälligkeiten unterworfen. In Zeiten der Kreuzzüge war der Handelsweg über die moslemischen Häfen Arabiens versperrt. Es blieb nur der unsichere Weg durch Zentralasien. So versuchten die Europäer, allen voran die Portugiesen und Spanier, den Handel selbst in die Hand zu nehmen. Expeditionen wurden ausgesandt, den Weg um Afrika herum zu finden. Zu Anfang freilich mit bescheidenem Erfolg. Immerhin wurden die Kapverdischen Inseln entdeckt.

Ein ägyptisches Unternehmen zweitausend Jahre früher war weit erfolgreicher gewesen. Der Pharao Necho sandte Schiffe vom Roten Meer aus, die Afrika umsegeln sollten, um durch das Mittelmeer zurückzukehren. Innerhalb von drei Jahren gelang dieses Kunststück tatsächlich. 595 v.Chr war die erste bezeugte Umseglung Afrikas abgeschlossen.

Vasco da Gama gelang es schließlich, 1489 erneut den Weg um Afrika herum nach Indien zu finden. Nur wenige Jahre später nahmen die Portugiesen die blühende Metropole Malakka ein, eine Stadt, die hunderttausend Einwohner zählte und die es zu jener Zeit mit jeder Stadt Europas hätte aufnehmen können. Ein Jahr nach der Eroberung Malakkas gelangten die Portugiesen sogar bis zu den Molukken, den berühmten Gewürzinseln, wo sie auf Ternate eine Handelsniederlassung gründeten. Doch nach einer Reihe von Entgleisungen, Intrigen und Giftmorden war schließlich mit der Ermordung des Sultans Hairun die Geduld der molukkischen Bevölkerung ausgereizt. Unter Führung des Kronprinzen wurden die Portugiesen von den Molukken vertrieben.

1580 ging Portugal an die spanische Krone. Und nur acht Jahre später wurde die „unbezwingbare" spanische Armada versenkt. Damit war der Weg auf die Weltmeere auch für andere europäische Staaten offen.

Neben England waren das vor allem die Niederländer, die sich nach ihrer Unabhängigkeit von Spanien erstaunlich schnell selbst zu einer Seemacht entwickelten. Die Niederländer proklamierten die „Freiheit der Meere", freilich nur, um selber die Beherrschung des Seehandels mit Asien anzustreben.

Die ersten holländischen Schiffe erreichten Banten auf Java 1596 unter dem Kommando des allgemein als überheblich und unfähig bezeichneten Cornelius van de Houtman. Die Mannschaft der Schiffe, die in Banten freundlich empfangen worden war, erregte durch ungebührliches Betragen schließlich solchen Ärger, daß sie kurzerhand gefangengesetzt wurde. Nur gegen Zahlung eines Lösegeldes konnte van de Houtman die Reise fortsetzen, die trotz aller Probleme ein finanzieller Erfolg wurde. Angeregt durch diesen Erfolg verließen bereits im folgenden Jahr zweiundzwanzig Schiffe Holland mit Kurs auf Ostindien. Und bereits fünf Jahre später wurde die VOC, die Vereinigte Ostindische Compagnie, gegründet.

Für eine Handelsgesellschaft erhielt sie von Anfang an erstaunlich weitreichende Vollmachten von der Niederländischen Krone: Sie durfte Befestigungen anlegen, Armeen aufstellen und Kriege führen. Ziel der Gesellschaft war von Anfang an, das Monopol im Gewürzhandel zu erreichen. Hundert Kilometer östlich von Banten wurde ihr Hauptquartier eingerichtet. Aber die europäische und die moslemische Konkurrenz war nicht so einfach auszuschalten, zumal in England 1605 die British East India Company ins Leben gerufen wurde. Theoretisch waren die beiden protestantischen Seemächte Verbündete im Kampf gegen das katholische Spanien. Praktisch wurde die ungeliebte englische Konkurrenz von den Holländern oft mit mehr als unfeinen Mitteln ausgeschaltet. Ein Buchhalter der VOC, Jan Pieterzoon Coen, konnte 1617 die Leitung der Gesellschaft, die „Siebzehn Herren", davon überzeugen, daß nur gewaltsamer Nachdruck die Geschäftslage grundlegend verbessern könnte. Er erhielt daraufhin das Oberkommando und setzte die Ziele der Gesellschaft mit kriegerischen Mitteln durch.

1618 bekam er vom Prinzen Vijayakrama die Erlaubnis, die Handelsniederlassung in Jayakarta auszubauen, die er aber auch militärisch befestigen ließ. Nachdem sich Vijayakama über diese Verletzung der Abmachung beschwerte, ließ Coen den Palast Vijayakamas zerstören. Das brachte ihm allerdings erst einmal nur eine Belagerung ein, in der Vijayakama sowohl von Banten als auch von den Engländern unterstützt wurde. Coen mußte fliehen, ließ aber eine kleine Besatzung in der Festung zurück. Als er nach sechs Monaten mit tausend Mann zurückkam, war die Festung tatsächlich noch in der Hand der Holländer, denen es gelungen war, die Belagerer gegeneinander auszuspielen. Mit seiner relativ schwachen Truppe gelang es Coen, die Gegner in die Flucht zu schlagen. Er ließ Jayakarta einebnen und begann mit dem Bau einer neuen Stadt nach dem Vorbild Amsterdams, Batavia. Die Kanäle, die er anlegen ließ, wurden zu Brutstätten der Malariamücke. Zusammen mit dem ohnehin drückenden Klima wurde Batavia dadurch zu einem der ungesundesten Flecken der Welt.

Coens erstes Ziel war es, die winzigen Bandainseln, die das Monopol für den Muskatnußanbau hatten, unter seine Kontrolle zu bringen. Nachdem die Einwohner sich seiner Terrorherrschaft widersetzten, ließ er kurzerhand fast die ganze Bevölkerung, ungefähr fünfzehntausend Menschen, niedermetzeln.

Auf den Inseln, die sie nicht unter ihre Kontrolle bekommen konnten, vernichteten die Holländer die Gewürznelken-Plantagen. Da die Einheimischen vom Gewürzhandel lebten, verhungerte in Folge dieser rücksichtslosen Politik ein beträchtlicher Teil der Bevölkerung.

Während es den Holländern so gelang, bis zum Ende des 16. Jahrhunderts den östlichen Teil des Archipels zu kontrollieren, bereitete die Eroberung Javas noch erhebliche Probleme. Erst Ende des 18. Jahrhunderts war Java tatsächlich fast vollständig in der Gewalt der VOC.

Doch am letzten Tag des 18. Jahrhunderts, am 31. Dezember 1799, mußte die VOC ihren Bankrott bekanntgeben. Die Eroberung Javas und die jahrzehntelangen Kriege hatten Unsummen verschlungen. 1800 übernahmen die Niederlande die Schulden und die Besitzungen der VOC.

Die Wirren der napoleonischen Kriege erreichten auch Java. 1808 wurde der napoleonische General Daendels General-Gouverneur von Java. Er ließ eine Poststraße quer durch Java anlegen, die den Verkehr revolutionierte. In der Bevölkerung, die zu Zwangsarbeit gepreßt wurde, kostete dieses Mammutwerk viele Opfer, so daß es schließlich sogar zum Aufstand kam. Am heftigsten war die Reaktion in Banten. General du Ouy, der den aufsässigen Premierminister von Banten nach Batavia befehlen sollte, wurde in Banten öffentlich hingerichtet. Als Strafaktion machte Daendels mit tausend Mann die Stadt dem Erdboden gleich.

Der Nachfolger Daendels verlor Java an die Engländer. Von 1811 bis 1815 war Thomas Stamford Raffels Gouverneur von Java. Er versuchte, die Einkünfte statt durch das Monopol aus einem Steuersystem zu erzielen. Raffels

Im Schiva-Tempel in Prambanan findet sich diese schön gearbeitete Figur von Ganesch, Schivas Sohn.

Auf den hochgelegenen Plateaus Javas gedeihen auch Obst- und Gemüsesorten, die man im tropischen Klima am Äquator nicht erwarten würde.

kam mit seinen Reformen allerdings nicht weit, da er Java nach der Niederlage Napoleons wieder an die Holländer abtreten mußte.

Doch Ruhe herrschte in den holländischen Besitzungen immer noch nicht. Der Adel verarmte, und die Landbevölkerung litt unter enormen Zollzahlungen. Unter Führung des indonesischen Nationalhelden Diponegoro brach ein Aufstand aus. Fünf Jahre behauptete sich der Prinz dank der Unterstützung aus dem Volk. Und erst unter Zuhilfenahme von Betrug konnte er bei Verhandlungen, zu denen ihm freies Geleit zugesagt war, gefangengenommen werden. Infolge des langwierigen Krieges hatte sich wiederum ein riesiger Schuldenberg bei den Holländern angehäuft. Schließlich wurde ein Kultivierungssystem entwickelt, das Steuern in Höhe von zwanzig Prozent auf alles Land in Java vorsah. Die Steuern, die später auf dreiunddreißig Prozent erhöht wurden, waren nicht in Geld oder Waren sondern in Arbeit zu entrichten. Die Regierung beanspruchte das beste Land, um dort Zucker, Kaffee, Tee und andere Exportgüter anzubauen. Dadurch kam es zu Hungersnöten, bei denen eine Viertelmillion Menschen starb.

Die Härte des Systems führte schließlich sogar zu Kritik aus den eigenen Reihen. Der Kolonialbeamte Douwes Dekker verfaßte unter dem Pseudonym Maltatuli den Roman „Max Havelaar", in dem er die Grausamkeit dieses Systems beschrieb. Gegen Ende des Jahrhunderts wurde dann schließlich die Zwangsarbeit abgeschafft.

Aber mit der Kontrolle über Java waren die Kämpfe in Indonesien noch nicht an ihrem Ende angelangt. Insbesondere Sumatra entzog sich hartnäckig der holländischen Vorherrschaft.

Tatsächlich waren die Holländer zu Beginn des 19. Jahrhunderts nur bestrebt, keine anderen Mächte in Sumatra Fuß fassen zu lassen. Erst allmählich konnten sie sich selbst auf Sumatra etablieren. Im Minankabau-Hochland boten die Padri-Kriege die Gelegenheit zum Eingreifen. Dadurch konnten sie eines der fruchtbarsten und wichtigsten Gebiete Sumatras unter ihre Herrschaft bringen. Aceh im Norden Sumatras wehrte sich dreißig Jahre erbittert in einem „heiligen Krieg" gegen die ungläubigen Eindringlinge. Dreißig- bis vierzigtausend Tote mußten die Holländer in diesem Krieg hinnehmen, doppelt so viele Aceh.

Der Weg zur Unabhängigkeit

Aber mit dem militärischen Sieg kehrte keineswegs endgültig Ruhe in das niederländische Kolonialreich ein. Das Selbstbewußtsein der europäisch ausgebildeten Indonesier erwachte. Zudem bildete sich die Panislamische

Bewegung, die vor allem auf die verarmten Bauern eine große Anziehung ausübte. Noch dazu streckte auch der Kommunismus seinen Arm nach Indonesien aus. Zwischen diesen nicht nationalen Bewegungen entwickelte sich die Partai Nasional Indonesia unter Führung von Hatta, Sjahrir und Sukarno, die in Europa bzw. an Universitäten in Java ausgebildet worden waren. Insbesondere Sukarno setzte auf eine Vereinigung der Bewegungen, da er darin die einzige Möglichkeit sah, die Unabhängigkeit Indonesiens zu erreichen. Der Gedanke an eine nationale Identität im riesigen Niederländisch-Ostindien mit seinen vielen, zersplitterten ethnischen Gruppen und deren verschiedenen Sprachen war keineswegs so naheliegend. Seit Majapahit hatte es kein Reich gegeben, das den gesamten Archipel umfaßt hätte. Und selbst unter der Herrschaft von Majapahit waren die Bindungen zu den entfernten Gebieten des Reiches sehr lose gewesen.

Aber keine der Bewegungen erhielt die Gelegenheit, ihre Ziele zu erreichen. Die Holländer sperrten die Führer ein bzw. schickten sie ins Exil.

Die Unabhängigkeit erreichte Indonesien auf einem ganz anderen Weg. 1942 überrannten die Japaner Niederländisch-Ostindien. Im Bemühen, ihre Position zu festigen, versuchten sie die Oppositionsführer für ihre Zwecke einzubinden. Als sich die Niederlage der Japaner abzuzeichnen begann, versprachen sie Indonesien im Gegenzug für seine Unterstützung die Unabhängigkeit. Sukarno und Hatta erhielten bis dahin für sie ungekannte Möglichkeiten der politischen Propaganda. Bis zum Kriegsende wurde Sukarno dank Radioübertragungen der bekannteste Mann Indonesiens.

Zwei Tage nach der Kapitulation Japans erklärte Sukarno am 17. August 1945 die Unabhängigkeit Indonesiens. In der Annahme, daß nur einige Kollaborateure ihre Macht sichern wollten, landeten die Alliierten in Java, um die Macht der Niederländer wiederherzustellen. Zu ihrem großen Erstaunen trafen sie auf heftigen und anhaltenden Widerstand. Spätestens als die Briten schließlich Surabaya bombardierten und in drei Wochen anhaltenden Kämpfen eroberten, vereinte sich der Widerstand in weiten Teilen Indonesiens gegen die Besatzer.

Im November 1946 wurden Indonesien und die Niederlande von den Alliierten in ein Abkommen über eine Indonesische Föderation unter niederländischer Führung gezwungen. Aber die Niederländer versuchten, dem Abkommen zum Trotz, ihre gesamte alte Macht wiederzugewinnen – was auch im Westen auf Unverständnis stieß. Schließlich setzten die USA die Niederlande mit der Drohung, die lebensnotwendige Hilfe aus dem Marshall-Plan zu sperren, massiv unter Druck. Am 27. Dezember 1949 erkannten die

Niederlande die Unabhängigkeit Indonesiens offiziell an, mit Ausnahme von Irian Barat, dem heutigen Irian Jaya.

Java heute

Java heute, das ist Jakarta, die moderne Metropole auf der einen Seite, Relikte des alten Java, die vielfach auf die vorislamische Zeit zurückreichen, auf der anderen.

Einer der geheimnisvollsten Plätze Javas ist das sich stets im Nebel verlierende Dieng-Plateau. Der Weg dorthin windet sich aus der heißen, schwülen Ebene hinauf, passiert das Städtchen Wonosobo, läßt die sahwas, die Naßreisfelder, hinter sich. In steilen Kehren geht es weiter bergauf, jeder bebaubare Fleck ist bepflanzt. Kohl statt tropischer Früchte, Kartoffeln statt Reis. Das Klima ist europäisch, frisch, regnerisch. Die Hänge quellen über vor Fruchtbarkeit. Menschen ernten im Regen die Kartoffeln, Plastikcapes über Kopf und Schultern. Dank der hochgelegenen Anbaugebiete wächst in Indonesien fast jedes Obst oder Gemüse, das auf der Welt gedeiht. Jenseits der kleinen Paßhöhe liegt eine ausgedehnte Kaldera, deren Ausmaße sich im Nebel verlieren. Vereinzelt über das Plateau gestreut finden sich candis, kleine hinduistische Tempel, wenig aufregend in ihrer Bauweise, aber mystisch im Nebel verborgen. Eine geheimnisvolle Stimmung beherrscht die Hochebene. Ein See mit merkwürdigen Farbtönen leuchtet zwischen Bäumen. Giftige Gase entströmen dem Boden an einer Stelle des Tales. Fumarolen zischen mit beißenden schwefligen Dämpfen aus dem Nebel. Alles verliert sich im Ungewissen. Diese Aura des Unbestimmbaren muß es gewesen sein, die vor tausend Jahren zur Errichtung der Tempel an diesem entlegenen Fleck führte.

Ähnlich entrückt wirkt die weite Tengger-Kaldera in Ostjava mit ihrem Sandfeld. In der Mitte dieser unwirtlichen Landschaft erhebt sich konisch die gedrungene Figur eines Vulkans, beißende Schwefelwolken quellen über den schmalen Grat des Kraters des Bromo. Überraschend fällt der Blick in einen tiefen Schlot, den der kurze Aufstieg zum Kraterrand nicht vermuten läßt.

Der Borobudur

Anders und doch entrückt präsentiert sich der Götterberg Borobudur.
Die geheimnisvolle Stimmung, die ihn umgeben haben muß, als er 1814 von Stamford Raffels unter einer Ascheschicht entdeckt wurde, ist in dem

Das wayang kulit-*Schattenspiel, in dem neben anderen Geschichten auch die indonesische Fassung des* Ramayana *dargestellt wird, hat bis heute trotz Islamisierung seinen prägenden Einfluß behalten. Vorstellungen, bei denen ein Puppenspieler hinter einer Leinwand agiert, können eine ganze Nacht hindurch dauern, wobei das Publikum fasziniert der altbekannten Geschichte lauscht.*

Das Gamelan-Orchester, bei dem zum Teil mehr als zwanzig Musiker im Stakkato auf Gongs und anderes Schlagwerk einhämmern, erzeugt einen faszinierenden Klangteppich. Jedes Orchester hat seine eigenen Aufzeichnungen, die für andere Gamelans nicht nachvollziehbar sind.

mittlerweile angelegten Park leider ganz verlorengegangen. Raffels beauftragte den holländischen Ingenieur H.C.Cornelius mit den Ausgrabungsarbeiten, nachdem auf dem Hügel ungewöhnlich viele behauene Quader entdeckt wurden. Zweihundert Arbeiter waren sieben Wochen beschäftigt, Bäume zu fällen und Erdreich abzutragen, bis das darunter verborgene Bauwerk weitestgehend freigelegt war. Stark beschädigt, aber in seinen Grundzügen doch gut zu erkennen erhob sich das Bauwerk aus den umgebenden Reisfeldern vor der bis heute unveränderten Kulisse der rauchenden, sich aus dem Dunst erhebenden Vulkane.

Erst Jahrzehnte später, 1885, wurde eine die Basis des Borobudur umlaufende Galerie mit Reliefs entdeckt, die jedoch gleich wieder im Dunkel verschwand, da die Basis ohne diesen Steingürtel zu instabil war. Bedingt war dies Problem von Anfang an durch die Konstruktion des Bauwerkes. Der Borobudur wurde auf einem natürlichen Hügel errichtet, der sich unter dem enormen Gewicht und durch eindringendes Regenwasser destabilisierte. Zudem wurde die Konstruktion des Borobudur im Laufe seiner Bauzeit mehrmals überarbeitet. Die Restaurierung des Borobudur offenbarte in den Siebziger Jahren drei Bauphasen. Ursprünglich bestand der Borobudur aus nur drei Terrassen, die in Form einer Stufenpyramide angeordnet waren, was auf vorbuddhistische Einflüsse schließen läßt. In der zweiten Bauphase wurde die Basis des Borobudur erweitert und fünf quadratische Terrassen angelegt, mit einem kreisförmigen Bauwerk auf der obersten. In der dritten Phase wurde das oberste Bauwerk durch drei runde Terrassen ersetzt und Stupas darauf errichtet. Zwei weitere Bauphasen brachten noch kleinere Veränderungen mit sich. Auf dem obersten Stupa befand sich noch eine aus mehreren Ringen aufgebaute Spitze.

Nach der heutigen Deutung ist der unterste Bereich des Bauwerkes dem „Reich der Begierden" zuzuordnen. Die dieser Sphäre, die im Sanskrit als kamadhatu bezeichnet wird, zuzuordnenden Reliefs liegen immer noch verborgen am Fuß des Borobudur. Sie zeigen Darstellungen des Prinzips von Ursache und Wirkung im Buddhismus und der Bestrafung für verschiedene Sünden.

Der darüber liegende Bereich stellt das „Reich der Formen" dar, in dem der Sinn des Lebens vermittelt werden soll. Vier übereinanderliegende Terrassen sind diesem, rudpadhatu genannten Bereich zuzuordnen. Unter anderem zeigen diese Relieftafeln Geschichten aus den Leben Buddhas, die seinem menschlichen Wirken vorausgingen. Ihnen folgen Darstellungen aus dem Leben des historischen Buddha Sakyamuni.

Der oberste Bereich ist das „Reich der Formlosigkeit", das arupadhatu. Wer diese Stufen erklommen hat, nachdem er die vorangegangenen Unterweisungen verinnerlicht hat, benötigt keine weiteren Unterweisungen. Daher finden sich hier auch keine Bilder mehr. Nur noch Stupas und Buddha-Figuren stehen auf den oberen Terrassen, von denen der Blick frei über die Äcker und Vulkane streifen kann. Um die massive Zentralstupa mit einem Durchmesser von knapp zehn Metern sind zweiundsiebzig Stupas angeordnet, durch deren durchbrochene Struktur die innen sitzenden Buddhas zu sehen sind.

Unweit des Borobudur beherbergt die Kedu-Ebene noch weitere Heiligtümer, unter ihnen der buddhistische Mendut-Tempel. In diesem befinden sich drei wunderbar gearbeitete Buddhastatuen. Dieser Tempel sowie der Pawon-Tempel bildeten vermutlich eine Einheit mit dem Borobudur. Der Besuch dieser Tempel könnte vorbereitende Bedeutung auf dem Weg zum Borobudur gehabt haben. Auf jeden Fall sind sie in der gleichen Zeit gegen Ende des 8. Jahrhunderts entstanden wie der Borobudur.

Die Tempel von Prambanan

Auf der Prambanan-Ebene befindet sich eine Ansammlung hinduistischer Tempelbauten. Der mit Abstand eindrucksvollste dieser Bauten ist der Loro Jonggrang-Komplex, der allgemein als Prambanan-Tempel bezeichnet wird. Er entstand unmittelbar nach Fertigstellung des Borobudur, nachdem die Macht von den buddhistischen Sailendras wieder in die Hände der hinduistischen Sanjayas übergegangen war. Siebenundvierzig Meter ragt der Haupttempel heute wieder empor und wirkt mit seinen schlanken Proportionen bei der Annäherung wesentlich eindrucksvoller als der Borobudur. Seit 1930 dauern die Restaurierungsarbeiten des im 16. Jahrhundert bei einem Erdbeben weitgehend zerstörten Komplexes an. Immer noch liegen Tausende von Quadern um die Tempelgruppe verstreut. Viele der Steine sind verschwunden, da die Ruinen jahrhundertelang als Quelle für Baumaterial dienten. Auf einer Terrasse im Zentrum der Anlage befinden sich die Brahma, Schiva und Vischnu geweihten Tempel, als bedeutendster derjenige Schivas zwischen den beiden anderen. Um sie herum waren 224 identische Tempelchen gruppiert, die bislang noch als Trümmerfeld im Gras schlummern.

Der Borobudur ist das größte buddhistische Bauwerk der Welt. Die Umstände seiner Entstehung sind bis heute weitgehend unbekannt.

In der Nähe von Bogor liegt die große Gunung Mas-Teeplantage, ein Relikt

holländischer Kolonialpolitik.

Nordwestlich von Yogyakarta findet sich das in eine geheimnisvolle

Atmosphäre getauchte Dieng-Plateau.

Die moderne Istiqlal-Moschee in Jakarta ist die größte Südostasiens.

BORNEO

 Kopfjäger, halbnackte Wilde, die mit ihren Giftpfeilen jeden Eindringling töten, undurchdringlicher Dschungel fern jeglicher Zivilisation, wo kaum ein Sonnenstrahl den Boden erreicht – solche oder ähnliche Phantasien verbinden die meisten Menschen der westlichen Welt mit Borneo, der drittgrößten Insel der Welt.

Borneo – Insel im Dunkel

Borneo „ist überschwenglich reich an Naturschätzen wie an seltsamen Offenbarungen des Menschenlebens, ein naturfrisches Tropenland und gleichwohl längst nicht mehr ein unerschlossenes Gebiet, wie man es bei uns in Deutschland hie und da noch zu glauben pflegt". Dieser Satz aus der Einleitung von „Unter den Kannibalen auf Borneo" ist über hundert Jahre alt. Und dennoch haben sich unsere Vorstellungen von Borneo kaum weiterentwickelt, wird die rasend schnelle Entwicklung gerade in diesem Teil der Erde kaum zur Kenntnis genommen. Schon die Tatsache, daß sich drei Staaten Borneo teilen, ist den wenigsten bekannt. Außer zu Indonesien gehören Teile Borneos zu Malaysia und zu dem Sultanat Brunei.

Weite Teile Borneos sind immer noch von dichtem Regenwald bedeckt. Vor allem im indonesischen Teil Borneos schlägt die moderne Zivilisation erst allmählich Schneisen in das schwer zugängliche Innere der Insel.

Noch ist Borneo eine der am wenigsten besiedelten Landflächen. Auf knapp fünfundsiebzigtausend Quadratkilometern leben um die zehn Millionen Menschen, der größte Teil davon an der Küste. Schon der bekannte Naturforscher Alfred Russel Wallace wunderte sich Mitte des 19. Jahrhunderts über die Bevölkerungsentwicklung auf Borneo – freilich damals unter umgekehrten Vorzeichen, wie dies heute mit Blick auf Asien geschieht. „Wieso sind die Dayak-Dörfer so klein und so weit auseinander, während noch 9/10 des Landes mit Wald bedeckt ist? ... Die Bevölkerung Großbritanniens wächst derart heran, daß sie sich in etwa 50 Jahren verdoppelt." Vielleicht täten wir gut daran, beim ratlosen Blick auf das Bevölkerungswachstum im Süden gelegentlich daran zu denken, daß wir den gleichen Prozeß schon längst hinter uns haben.

Die Besiedlung Borneos reicht weit zurück. Wahrscheinlich hat schon der Java-Mensch vor ein bis zwei Millionen Jahren auf Borneo gelebt und gejagt. Der älteste, bisher jemals gefundene Schädel des homo sapiens stammt aus den Niah-Höhlen in Nordborneo und wird auf ein Alter von zirka vierzigtausend Jahren datiert. In den Höhlen lebten vor zwanzig- bis vierzigtausend Jahren Jäger und Sammler. Vor zirka zwanzigtausend Jahren entwickelten sie stark verbesserte Werkzeuge, so daß man annehmen kann, daß zu dieser Zeit die Gewinnung von Stärke aus der Sago-Palme begann, was für die Ernährung der damaligen Inselbewohner ein wesentlicher Fortschritt war.

Vor ungefähr fünftausend Jahren verdrängten Austronesier, die über die Philippinen nach Süden zogen, die australoide Urbevölkerung. Die Austronesier brachten Waffen und Werkzeuge aus poliertem Stein, die Töpferei

Der Sultan von Brunei demonstriert den Reichtum seines kleinen, vom Öl lebenden Landes mit goldenen Kuppeln, die die Moschee und seinen Palast zieren.

und vor allem die Anbautechniken für Getreide und Reis mit nach Borneo. Der um 400 v. Chr. einsetzende Einfluß der metallbearbeitenden Dongson-Kultur aus Vietnam brachte an den Küsten der malaiischen Halbinsel und Borneos durch die besseren Werkzeuge eine völlige Umwälzung des Lebens.

Doch wegen des Mangels an Zinn und Kupfer auf Borneo mußten in der Bronzezeit alle Gebrauchsgegenstände importiert werden, was den Malaien einen eindeutigen Vorteil gegenüber der Dayak-Bevölkerung Borneos brachte. Erst die Technik der Eisengewinnung und Verarbeitung, die gegen 600 n. Chr. die Insel erreichte, erlaubte die Einführung der Reis- und Taro-kultivierung. Bis heute hat sich die Brandrodung und der Wanderfeldbau bei den Dayak-Völkern gehalten. Nach wenigen Jahren der Nutzung werden die Felder zur Regeneration zehn bis fünfzehn Jahre dem Dschungel überlassen, bevor die Lichtungen wiederum geklärt und genutzt werden können.

Brunei – Zwergstaat im Norden Borneos

Das ehemals britische Nordborneo gehört bis auf eine kleine Enklave zu Malaysia. Die ostmalaiischen Bundesstaaten Sarawak und Sabah bilden den größten Teil der Staatsfläche Malaysias. Und eingeschlossen von der südchinesischen See und Sarawak liegen an der Nordküste Borneos die zwei, durch ein schmales Stück Malaysia voneinander getrennten Teile des Sultanats Brunei – kaum mehr als zwei verschwindend kleine Flecken auf der Weltkarte – und doch einer der reichsten Staaten der Erde. Erst vor einigen Jahren entließen die Briten Brunei beinahe zwangsweise in die Unabhängigkeit. Der Sultan wollte alles, nur nicht die eigentlich logische Union mit Malaysia, was eine Teilung der Ölquellen und damit des Reichtums Bruneis mit den malaiischen Brüdern mit sich gebracht hätte. Dies wurde verhindert, und heute erfreuen sich die Bürger Bruneis ihres Wohlstandes, müssen keine Steuern bezahlen, genießen eine praktisch kostenlose Gesundheitsversorgung und lassen Gastarbeiter für sich arbeiten. Der Sultan sorgt für einen tadellosen Lebenswandel seiner Untertanen. Alkohol, Glücksspiel und Prostitution sind verboten.

Touristisch hat Brunei nicht viel zu bieten. Die Hauptstadt ist größtenteils gesichtslos modern. Lediglich der Kampung Ayer am Fluß, der auf Stelzen erbaute alte Stadtteil, lockt zu einem Besuch. Doch auch dieses Überbleibsel traditioneller Bauweise ist dem Sultan ein Dorn im Auge. Große Teile des Kampung Ayer sind bereits abgerissen, um modernen Gebäuden zu weichen. Hinter dem Kampung glänzt die goldene Kuppel der neuen Moschee in der Sonne, und ein Stück flußabwärts erstrahlen die ebenfalls vergoldeten Kuppeln des Sultanspalastes.

Gunung Kinabalu – der höchste Berg Südostasiens

Kota Kinabalu, die Hauptstadt von Sabah, einem von zwei Bundesstaaten Malaysias in Nordborneo, empfängt uns kaum weniger neuzeitlich, aber doch immerhin etwas lebendiger als die Hauptstadt Bruneis. Es ist kaum zu glauben, aber auch hier wütete der Zweite Weltkrieg, und Kota Kinabalu, oder KK, wie es hier genannt wird, war nicht die einzige Stadt Borneos, die vollständig in Schutt und Asche gelegt wurde. Betonblocks und breite, im Sonnenglast brütende Straßen bestimmen heute das Stadtbild. Einkaufskomplexe werden hochgezogen, moderne Moscheen stochern mit spitzen Minaretten im Himmel. Lediglich der Hafen bietet buntes asiatisches Leben. Doch selbst der Fischhändler, der hinter dem Trockenfisch sein Handy bedient, ist schon schnurlos an die moderne Welt angekoppelt.
Hinter Kota Kinabalu stemmt sich die imposante Silhouette des Gunung Kinabalu aus dem Dschungel. Seinetwegen – er ist der höchste Berg zwischen Himalaja und Neuguinea – haben wir die Reise in diesen Teil Borneos angetreten.

Auch in anderen Teilen Borneos zeigt sich neuer Wohlstand, wie bei dem Fischhändler in Sabahs Hauptstadt Kota Kinabalu.

Der Bundesstaat Sabah versucht, sich gegen die aus Kuala Lumpur verordnete Ausbeutung seiner Ressourcen mit der Schaffung ausgedehnter Parks zur Wehr zu setzen, in der weisen Einsicht, daß die Gewinne aus der Abholzung und dem Abbau von Bodenschätzen ohnehin an die Zentralregierung fließen, Einnahmen aus dem Tourismus dagegen im Land bleiben. Der malaiische Nachbarbundesstaat Sarawak im Nordwesten Borneos hingegen ist bekannt und berüchtigt für seine rigorose Abholzungspolitik. Naturschützer und Ureinwohner protestieren seit langem vergeblich gegen den radikalen ökologischen Kahlschlag. Ob die ausgedehnten Nationalparks Sabahs gegen die massiven wirtschaftlichen Interessen eine Chance haben, bleibt abzuwarten. Einkünfte aus dem Tourismus könnten dabei hilfreich sein. Bislang ist Sabah trotz seiner landschaftlichen Schönheit und seiner ausgezeichneten Infrastruktur nur bei Tauchern weltweit ein Begriff. Der Kinabalu-Park rund um den mit 4000 Metern höchsten Berg Südostasiens ist jedenfalls ein heute noch weitgehend unzerstörtes und einzigartiges Juwel. Die Gegend lädt zum Bleiben ein: welliges Gebirgsland, Gemüsefelder sind in den dunkelgrünen Dschungel getrieben, riesige Baumfarne und ziehende Nebelfetzen sorgen für eine geheimnisvolle Atmosphäre.

Abenddämmerung am Gunung Kinabalu. Nach einem heftigen Gewitter wird der Blick auf die tiefhängenden Wolken frei.

Unbarmherzig steil, über hohe Stufen, Wurzeln, Steine, Morast und glitschigen Lehmboden führt der Weg nach oben in den Nebelwald. Die mit Flechten und Moosbärten behangenen Bäume verlieren sich im dichten, durch die Äste ziehenden Nebel. Meterhohe Baumfarne spannen ihre Blätter über den Weg, Bambus greift mit seinen grazilen Stangen bis hoch unter die Baumkronen. Stunde um Stunde das gleiche Bild, zieht sich der Weg weiterhin steil, sumpfig und glitschig nach oben. Immer wieder setzt Regen ein, prasselt auf das undichte Dach des Regenwaldes. Wie in einem riesigen botanischen Garten fühlen wir uns. Bemooste Bäume strecken ihre Äste geisterhaft in den Nebel. Mühsam arbeiten wir uns durch einen märchenhaften Geisterwald, durch Nebel und Sprühregen weiter nach oben. Hin und wieder weicht die Stille dem heftigen Trommeln und Prasseln eines Regengusses. Langsam schrumpfen die Baumriesen auf fast Bonsaiformat, die Moosbärte wuchern lang und ungepflegt an den zerzausten Bäumen. Dann endlich eine Lichtung. Das komfortable Lager auf 3300 Meter Höhe ist erreicht.

Wir sind eigentlich in der höchsten Hütte auf 3900 Metern gebucht, aber der Regen ergießt sich mittlerweile in Sturzbächen aus dem undurchdringlichen Grau. Von einem auf den anderen Moment bilden sich reißende Bäche auf dem blanken Fels. Kurz vor Sonnenuntergang brechen die Wolken auf, die Sonne bescheint ein mitreißendes Panorama aus Regenwald, steilen Felswänden und quellenden Regenwolken, die tief unten an den niedrigeren Bergen hängen.

Frühmorgens um drei Angriff auf die letzten achthundert Höhenmeter. Im Dunkeln rutschen wir über glitschige Leitern aus krummen Hölzern, suchen unseren Weg durch den Morast. Schließlich erreichen wir den nackten Fels, dunkel wölbt er sich vor uns auf, bestens gesichert durch weiß schimmernde Seile. Das erste Licht am Horizont verleiht dem Massiv eine geheimnisvolle Stimmung. Der Fast-Neumond steht als blasse Scheibe über rötlichen Wolken, lediglich eine hauchdünne Sichel glänzt an seiner unteren Hälfte, davor hebt sich schwarz die Silhouette von zwei Felstürmen ab. Fast pünktlich zum Sonnenaufgang stehen wir auf dem nach seinem Erstbesteiger benannten Lows Peak.

Kalimantan – auf Borneos Diamantenflüssen

Daß wir in Indonesien sind, ist nicht zu überhören. Der bekannte Ruf, der Reisenden in Indonesien auf Schritt und Tritt folgt, erklingt auch in Kalimantan, dem indonesische Teil Borneos, sofort: „Hello, Mister!", wobei das

Der Bergregenwald am Gunung Kinabalu verschwindet fast ständig in dichten Wolken.

Geschlecht des Angesprochenen keine Rolle spielt. Damit haben sich die Englischkenntnisse hier in der Regel aber auch erschöpft.

Mit dem Boot wollen wir auf Borneos breiten, träg und braun dahinströmenden Flüssen zurück in lang vergangene Zeiten gleiten, auf der Suche nach einsamen Dörfern der Dayak im Inneren der Insel. Doch auch hier scheint Zeit mittlerweile Geld zu sein. Kein Ruder taucht mehr ein, um das Boot leise über das Wasser gleiten zu lassen. Vielmehr schießt das Boot, getrieben von drei röhrenden 30-PS-Außenbordmotoren, den Strom hinauf. Im knapp zwei Meter breiten Rumpf drängen sich zirka vierzig Passagiere auf harten, blau gestrichenen Holzbänken. Unter ihnen befindet sich ein Soldat mit verspiegelter Brille und einem Aufnäher der California Police auf der Jacke, zwielichtige Händlergestalten, die ausgezogen sind, Potenzmittel unter die Dorfbevölkerung zu bringen, modisch gekleidete Mädchen, die dann und wann an glitschigen Stegen ans Ufer gelassen werden, wo hinter Bäumen ein paar Hütten ein kleines Dorf bilden.
Wir liegen auf dem Dach des Bootes, so lange bis uns der Regen auch in die Kabine treibt. In den Pausen zwischen den Regenschauern nehmen wir immer wieder Platz auf dem Dach, beobachten, wie die drei Motoren das zirka fünfzehn Meter lange Boot mühelos die Windungen des Kayan hinauftreiben, eine Wellenschleppe hinter sich herziehend, auf der ab und an kleine Boote ins Tanzen kommen. Kleine, aber steile Hügel säumen den schlängelnden Flußlauf, gelegentlich fallen ihre Flanken direkt und steil ins Wasser ab.

Nach sechs Stunden erreichen wir Long Bia, eine Ansammlung kleiner ordentlich aufgereihter Häuser, am höchsten Punkt steht eine kleine Kirche. Das Dorf sieht nicht sehr nach einer Siedlung der Dayak aus, die die Menschenjagd gerade erst aufgegeben haben. Pak Moming, der reichste Mann von Long Bia, besitzt neben einem Laden auch einige schöne Gästezimmer. Mit einem freudigen „Tuan, apa kabar?", Tuan, wie geht's, werden wir empfangen. Den einsamen Ort im Dschungel, den wir uns vorstellten, scheinen wir nicht zu finden. Lediglich eine Begegnung erinnert an das, was wir gesucht haben. Hinter einer Biegung stehen wir plötzlich und unerwartet einem kleinen Mann mit den für die Dayak charakteristischen langen Ohrläppchen und Tätowierungen gegenüber. Er ist genauso von unserem Auftauchen überrascht wie wir von dem seinen. Dennoch greift er sofort unsere Hände und schüttelt sie, lacht dabei über das ganze Gesicht und zieht dann mangels gemeinsamer Sprache von dannen.

Am Mahakam

Von Samarinda aus besteigen wir eines der vielen Boote, die den Mahakam hinauf verkehren. Wer will, kann auf regulären Booten über fünfhundert Kilometer des achthundert Kilometer langen Mahakam hinauftuckern. Rund vierzig Stunden muß man für den Trip bis Long Bagun einplanen. Von dort aus muß man für die restliche Strecke ein Boot chartern – freilich ein wegen der hohen Benzinpreise und des Risikos, das Boot und die Motoren in den Stromschnellen zu verlieren, extrem teurer Spaß.

Wir besteigen das recht geräumige, doppelstöckige Boot am frühen Morgen. Im oberen Deck, das nur gebücktes Gehen zuläßt, liegen Matratzen auf dem Boden, Fenster erlauben die Aussicht auf den Fluß. Die Fahrt läßt sich angenehmer als erwartet an. Die Mehrzahl der Mitreisenden begibt sich beinahe sofort in Schlafstellung, um die dreißig bis vierzig Stunden bis zum jeweiligen Ziel zu verdösen.

Laut tuckernd schiebt sich das Boot gemächlich die braunen, trägen Fluten des Mahakam hinauf, der landschaftlich weit weniger reizvoll als der Kayan ist, dafür aber interessantere Ortschaften an seinen Ufern zu bieten hat. Nur gelegentlich zerreißt das Krähen eines der mitreisenden Kampfhähne die Monotonie.

Abends um kurz vor elf Uhr erreichen wir Muara Muntai. Häuser auf Stelzen stehen entlang eines langen Bohlensteges, kaum jemand ist mehr unterwegs, das Städtchen wirkt einsam und verlassen – endlich haben wir das Gefühl, uns dem Ende der Welt zu nähern. An den zwei Losmen brennt noch Licht. Von außen wirken die beiden zweistöckigen Holzhäuser gleichermaßen heruntergekommen, an beiden blättert die Farbe ab. Wir entscheiden uns für eines und bekommen einen kleinen Holzverschlag mit schmalem Doppelbett; immerhin hängt ein Moskitonetz über dem Bett.

Am nächsten Morgen geht es mit einem kleinen Boot mit einem bescheidenen Außenbordmotor, dessen Schraube an einer langen Welle weit hinter dem Boot das Wasser quirlt, über den Lake Jempang nach Tanjung Issuy. Trotz seiner Ausdehnung haben wir nie das Gefühl, über einen großen See zu fahren. Überall bedecken Wasserpflanzen die Oberfläche oder es wächst Schilf im flachen See. Vor Tanjung Issuy treibt ein Teil des Dorfes auf dem See – Häuser, die je nach dem Wasserstand des Sees an unterschiedlichen Plätzen ankern. Wir klettern vom Steg direkt in das Wohnzimmer eines geräumigen Hauses. In der Ecke des weitläufigen Raumes steht ein schwarzer Stereoturm.

In Borneo muß man das ganze Jahr über mit plötzlichen, sintflutartigen Regenfällen rechnen. Dennoch sinkt in der Trockenzeit im August der Wasserspiegel der Flüsse mitunter so drastisch ab, daß die Schiffahrt auf den Lebensschlagadern der Insel stark beeinträchtigt wird.

Das erwartete „Ende der Welt" haben wir immer noch nicht erreicht. Ein traditionelles Langhaus steht noch im Dorf. Doch die Einheimischen ziehen es mittlerweile vor, in kleinen Häuschen für sich zu wohnen. Vor dem Haus tanzt eine Gruppe Männer und Frauen in traditioneller Tracht. Eine Touristengruppe aus Jakarta applaudiert höflich. Im Haus befindet sich ein Souvenirstand neben dem anderen. Ein Teil des Hauses dient als Hotel. Durch die Dielen des Bodens dringt wie fast überall in Indonesien das Gackern einer Hühnerkolonie.

Am nächsten Tag fahren wir weiter einen Fluß hinauf in den Dschungel hinein. Auf einer Astgabel über dem schmalen Flußbett döst eingerollt eine Schlange, verspielte Otter tollen im Unterholz. Immer wieder versperrt Treibholz den Weg. Unser Kapitän läßt sich davon nicht beeindrucken, fährt mit Schwung darüber, reißt im letzten Moment die Schraube aus dem Wasser und rutscht lässig über das Hindernis. In den Bäumen toben die selten zu beobachtenden Nasenaffen, die in Indonesien wegen ihrer großen Nase als monyet belanda, als holländische Affen bezeichnet werden. (Doch hier besser keine voreilige Schadenfreude – jeder Weiße ist ein belanda.) Krachend springen die Affen auf gut Glück über den Fluß, in der Hoffnung, einen Ast zu erwischen.

Gelegentlich weist ein Verkehrsschild zwischen den Bäumen darauf hin, daß wir immer noch nicht am Ende der Welt sind – auch wenn hier beinahe das Gefühl aufkommt, endlich dort angelangt zu sein. Schließlich, nach einigen Stunden Dschungel, Macong. Links und rechts der schmalen Wasserstraße ziehen sich auf Pfählen errichtete Häuser hin. Der Fluß schlängelt sich sanft durch den Ort. Vor jedem Haus treibt eine Toilette mit Waschplatz im Fluß. Um zu ihrer Toilette zu gelangen, müssen die Bewohner die „Hauptstraße", einen soliden Holzsteg aus bestem Eisenholz, überqueren. In der Mitte des Ortes steht ein stattliches zweistöckiges Langhaus, dessen Aufgänge von geschnitzten Holzfiguren bewacht werden. Niemand wohnt mehr in dem Haus, das einst einem halben Dorf Schutz bot. Auch hier hat sich die staatliche Politik durchgesetzt, die „rückständige" Verhaltensweisen der Bevölkerung zu überwinden sucht. Jedes Gefühl für kulturelle Autonomie unter der Bevölkerung stört die von Jakarta aus betriebene Ausbeutung der Bodenschätze Borneos. Mit Hilfe der Missionare, die im islamischen Indonesien gerne gesehen wurden, da sie halfen, die alten Traditionen aufzubrechen und damit das Gefühl für die eigene Kultur zu untergraben, ist dieses Ziel weitgehend erreicht worden.

Selbst auf einer Insel wie Tarakan, die bei einem Blick auf die Karte am Ende der Welt zu liegen scheint, finden sich in den Restaurants moderne und teure Karaoke-Anlagen. Gleichzeitig arbeiten die Schneider auf dem Markt noch mit einfachen fußbetriebenen Nähmaschinen.

Auf den zirka fünfhundertvierzigtausend Quadratkilometern Kalimantans, einem knappen Drittel der indonesischen Landfläche, leben weniger als fünf Prozent der Gesamtbevölkerung Indonesiens. Die Dayak-Völker, zweihundert bis dreihundert Stämme sollen es sein, machen nicht einmal mehr die Hälfte der Bevölkerung Kalimantans aus. Dank „transmigrasi", der gigantischen indonesischen Umsiedlungsaktion, die Java vom Druck der Überbevölkerung befreien soll, werden mehr folgen. Natürlich beschwört „transmigrasi" den Unmut der betroffenen Völker herauf, die in ihrem Stammgebiet zur Minderheit werden und deren traditioneller Lebensraum beschnitten wird. Doch gelten umherschweifende Waldnomaden nicht nur als unproduktiv, sondern beanspruchen auch noch große Areale im Dschungel – Gebiete, die zur Holzgewinnung und als Siedlungsgebiet mehr abwerfen. Die eigene Kultur dieser Völker steht dem Fortschritt, der in Form trostloser Siedlungen wartet, nur im Weg. Und so ziehen denn alle an einem Strang: die europäischen Kolonialherren, nach deren eigenen, mehr als zweifelhaften Moralvorstellungen Kopfjagd eine scheußliche Angelegenheit war – andere Todesarten, wie das Dahinsiechen in der Zwangsarbeit auf den Plantagen waren moralisch nicht verwerflich, da man den Arbeitern ja Zivilisation brachte –, die Missionare, die so manches Mal den Kolonialherren den Weg bereiteten, und die heutige Regierung. Letzten Endes wünschen sich alle das gleiche: gläubige und damit lenkbare Untertanen, die nicht ungreifbar im Dschungel verborgen leben. Borneo kann weiter erschlossen werden, Siedlungsraum für Bauern aus Java bieten. Auf den Spuren und Straßen der Holzkonzessionäre folgen die Bauern, deren schlechte Böden sie nur mühsam ernähren, mit Brandrodung und Wanderfeldbau in immer neue Waldgebiete. Was sich nach dem Holzeinschlag vielleicht wieder erholen könnte, wird so dauerhaft geschädigt.

An der Küste findet sich schon seit längerer Zeit ein neues, anderes Borneo: moderne Städte und Siedlungen, dichter Fahrzeugverkehr, der allerdings auf wenige Kilometer Straße beschränkt ist, Ölindustrie in Balikpapan und moderne holzverarbeitende Betriebe in Samarinda. Der Flair des alten Borneo aus den Romanen Joseph Conrads ist hier endgültig verschwunden. Was bleibt, ist die lähmende Ereignislosigkeit in Orten, deren größte Attraktion ein Besuch in einem Karaoke-Restaurant ist.

Boote sind immer noch das gebräuchlichste Fortbewegungsmittel in Kalimantan. Die großen Ströme wie oben der Mahakam oder rechts der Kayan können über Hunderte von Kilometern stromauf befahren werden.

82

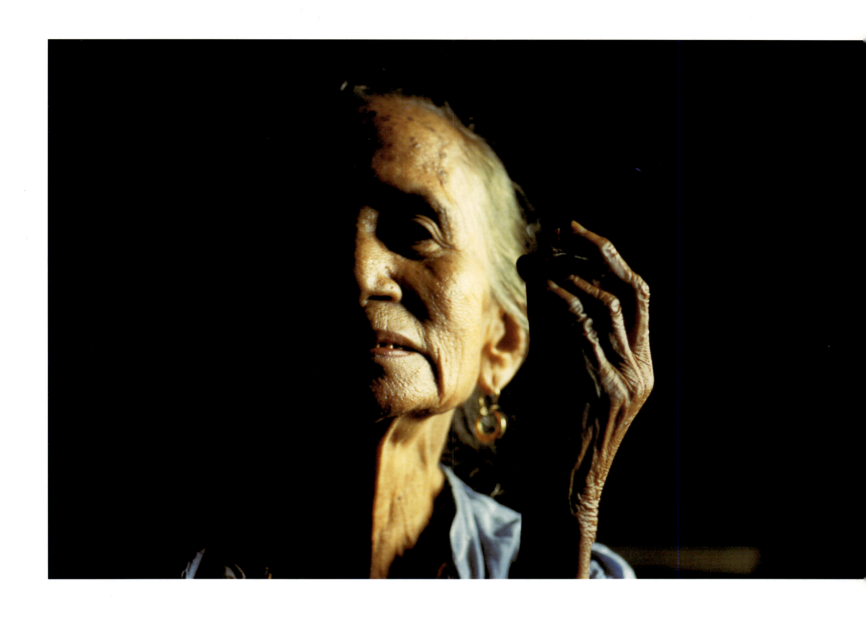

Mit den alten Menschen stirbt

die Kultur der Dayak-Völker aus.

Der Bezug zu traditionellen

Kultgegenständen geht bei der

jüngeren Generation verloren.

Ein Kramladen in einem kleinen Ort irgendwo stromauf an einem Nebenarm des Mahakam.

SULAWESI

 Reisen im noch vor einigen Jahren schwer zugänglichen Sulawesi hat seinen Schrecken verloren. Im gebirgigen Inneren Sulawesis findet sich im Torajaland eine der schönsten Landschaften Indonesiens und eine der faszinierendsten Kulturen mit einem einzigartigen Totenkult. Darüber hinaus bietet Sulawesi steile Berge, einsame Sandstrände und im Norden eines der schönsten Tauchgebiete der Welt.

Sulawesi – zwischen Moderne und Tradition

Das hektische Ujung Pandang, das ehemalige Makassar, Durchgangsstation ins Torajaland und Haupstadt Sulawesis, ist nicht gerade der traumhafte Ort, nach dem man sich sehnt, wenn man nach Sulawesi kommt. Als Drehscheibe des östlichen Teils Indonesiens ist es eine teilweise recht modern wirkende weitläufige Stadt mit dem für indonesische Städte charakteristischen Verkehrsgewühl aus Bussen, Autos, Lastwägen und Fahrradrikschas, dazu offene, stinkende Kloaken, die so mit Schmutz und Abfall überlastet sind, daß von Fließen in diesen Kanälen keine Rede mehr sein kann. Das einzig Erfreuliche in der lauten und stickigen Stadt ist der „Sunset-Boulevard" mit seinem allabendlichen Essensmarkt. Jeden Nachmittag rollen zahlreiche handgezogene Wägelchen mit kleinen Garküchen an, um direkt am Meer aufgestellt zu werden. Abends flaniert die halbe Stadt auf und ab, genießt Köstlichkeiten, wie satay, Fleischspießchen mit Erdnußsoße, ikan bakar, gegrillten Fisch, oder cumi cumi bakar, gegrillten Tintenfisch, beim als unvergleichlich gepriesenen Sonnenuntergang von Ujung Padang. (Wobei sich nicht so recht feststellen läßt, wie sich dieser Sonnenuntergang von anderen in Indonesien unterscheidet. Möglicherweise erscheint der Sonnenuntergang in Ujung Pandang auch nur aufgrund des Fehlens anderer Attraktionen als so reizvoll.)

Während auf Java und Bali Busse weitgehend nach Fahrplan verkehren, finden sich auf Sulawesi noch ansehnliche Reste der „indonesischen Gummi-Zeit". Ein Beispiel dieser Art ist der Kleinbus, der mich vom Hotel zum Busbahnhof bringen soll. Pünktlich um halb sieben stehe ich bereit. Tatsächlich erscheint auch kurze Zeit später ein klappriger Bus, der mich aber erst einmal in die entgegengesetzte Richtung ins Stadtzentrum bringt. Eine halbe Stunde verbringe ich dort in einem wenig vertrauenerweckenden Holzverschlag, der als Büro der Buslinie dient. Nach einer halben Stunde geht es dann weiter – das heißt zurück zu meinem Hotel. Ein Blick in die Buchungsunterlagen hat gezeigt, daß dort um halb acht zwei weitere Reisende aufzunehmen sind. Am Hotel ist aber weit und breit niemand zu sehen. Also geht es weiter zum Busbahnhof – von wo der Bus ins Torajaland dann tatsächlich um halb neun startet.

Die acht Stunden Fahrt dorthin sind eine Augenweide. Sobald der Bus endlich die Stadt hinter sich gelassen hat, führt die Straße, gesäumt von spiegelnden Reisfeldern, durch eine Küstenebene, aus der unvermittelt steile Karstfelsen aufwachsen. Hier gibt es einen beliebten Ausflugsplatz, an dem

Ujung Pandang, Sulawesis Hauptstadt, ist Drehscheibe für das östliche Indonesien und bietet fast alles, was man von einer Metropole erwartet – Kinos, Restaurants, Kaufhäuser und Nachtleben.

sich am Wochenende die Ausflügler aus Ujung Padang drängeln. Ausgebaute Wege führen an den Fuß eines Wasserfalles, kleine Imbißbuden und Restaurants sind ordentlich am Eingang aufgereiht. Dieser Komfort läßt das Gefühl, sich in der Wildnis zu befinden, gar nicht erst aufkommen – ein Schicksal, das der Reihe nach alle Naturschönheiten Indonesiens ereilt. Hat man einen dieser Ausflugsplätze gesehen, kennt man sie alle. Ob es nun auf Sulawesi ist, der Harau-Canyon in Sumatra, der Batur auf Java oder Tanah Lot auf Bali: überall mußte das Naturerlebnis betonierten Pfaden für Wochenendausflügler und Touristen weichen. Ein Schauspiel, das wir aus der Heimat kennen, wo oftmals der Parkplatz größer ist als die eigentliche Attraktion.

Das Torajaland

Hinter Pare Pare verläßt die Straße die Küste und windet sich ein schroffes Gebirge hinauf, das seinen abweisenden Charakter aber mehr und mehr verliert, je weiter man in das eigentliche Torajaland vordringt. Kleine Hochtäler schließen sich aneinander an. Pinienwälder, Bambus und Bananenstauden stehen in seltsamen Kontrast am Fuß kleiner Karstfelsen, die wie Spielzeugberge aus den Reisterrassen aufwachsen. Nebelfetzen und Regenschleier umgeben die ohnehin faszinierend schöne Landschaft mit einem fast mystischen, schwer faßbaren Reiz.

Rantepao ist das touristische Zentrum des Torajalandes. Doch außer Unterkünften hat es nicht viel zu bieten. Von Rantepao aus gibt es rund zehn Ausflugsziele, die problemlos mit Minibussen zu erreichen und auch dementsprechend überlaufen sind. Die eleganten Häuser von Rantepao mit ihren Schnitzarbeiten und weit vorgestreckten Dachgiebeln, die in einer Reihe den ebenso kunstvollen Reisscheunen gegenüberstehen, sind in Souvenirgeschäfte verwandelt worden. Die Besitzer wohnen dahinter in einfachen Holzhäusern, die zwar weniger schön, aber praktischer sind. Mehr als tröstlich ist es, daß die meisten Dörfer im Torajaland keinen direkten Straßenanschluß besitzen und sich deshalb noch nicht in Souvenirumschlagplätze verwandelt haben. Viele dieser Dörfer sind nur auf lehmigen, rutschigen Pfaden auf den schmalen Dämmen zwischen den Reisfeldern zu erreichen.

In Batutumonga, hoch am Hang des Sesean gelegen, hatte man bis vor kurzem noch die Garantie, nicht auf klimatisierte Kleinbusse zu treffen. Mittlerweile wird hier neben den schon länger existierenden Homestays auch eine

Reihe von Hotels gebaut. Trotz Straße lohnt es aber immer noch, die schweißtreibende Wanderung vom Fuß des Berges aus anzutreten. Beim Marsch durch die Dörfer ertönt ständig der Ruf der Kinder: orang touris! (Touristenmensch) oder belanda! – was einem Angriffssignal gleichkommt. Sofort stürzen sich alle Kinder auf den Ausländer. Unvermeidbar löst der Anblick weißer Haut den Reflex aus, gula! gula! und uang! (Zucker, bzw. Süßigkeiten und Geld) zu schreien. Wohlmeinende Touristen verleihen dem Glauben, weiße Haut und Bonbons hingen irgendwie zusammen, immer wieder neue Nahrung, indem sie aus riesigen Tüten billige Bonbons verteilen – ohne sich Gedanken darüber zu machen, ob das in einer Gegend mit spärlichen Möglichkeiten der Zahnbehandlung wirklich edel ist. Davon, daß die Kinder zum Betteln erzogen werden, ganz zu schweigen.

Nach drei Stunden schweißtreibenden Aufstiegs erreichen wir Batutumonga und Mama Siskas Homestay. Siska, die jüngste der drei Frauen, die das Hotel betreiben, empfängt uns mit ihren elf Jahren in fließendem Englisch. Mama Siska – Siskas Mutter, die nach Torajasitte nicht mit ihrem eigenen Namen angeredet wird, sondern nur als Siskas Mutter, und ihre Mutter sind beide verwitwet und ernähren sich von ihrem Homestay – einer Pension mit Familienanschluß.
Gegessen wird gemeinsam mit der Familie auf dem Bambusboden. Die Kochstelle, an der den ganzen Tag Betrieb herrscht, befindet sich in einer Ecke des Raumes, der erfreulicherweise so luftig konstruiert ist, daß der Rauch durch die Ritzen abzieht. Geschlafen wird auch dicht beieinander – mitunter auch neben Familienmitgliedern, die man dort nicht erwartet. So erging es Lisa, einer Kanadierin, die im Schlafzimmer der Familie miteinquartiert war. Nach einigen Tagen fiel ihr auf, daß jeder Besucher im Haus als erstes in eine Ecke des Schlafzimmers ging, dort eine Kleinigkeit vor einem länglichen Gegenstand abstellte und einige Worte sprach. Tatsächlich lag dort, in Tücher eingewickelt, die tote Urgroßmutter.

Bei den Toraja ist es Sitte, die Toten mit einer aufwendigen Feier ins Jenseits zu geleiten. Bis diese Feier ausgerichtet wird, können Jahre vergehen, da erst die Finanzierung des teuren Festes gesichert sein muß. Auch muß ein Termin gefunden werden, zu dem sich alle Familienmitglieder treffen können, die oftmals über ganz Indonesien verstreut leben. Bis dahin wird der Verstorbene im Haus der Familie aufbewahrt. Gegen den Verwesungsgeruch wurden die Leichen früher aufwendig einbalsamiert oder in einem Sarg aufbewahrt, der über ein Bambusrohr nach draußen entlüftet wurde.

Fast überal!' in Indonesien sieht man Männer, die stolz ihre Hähne spazierentragen und hätscheln.

Heute erledigt etwas Formalin viel einfacher den gleichen Dienst. Solange der Verstorbene nicht beerdigt ist, wird er nicht als tot, sondern nur als kopfkrank angesehen. Daher besucht jeder, der das Haus betritt, zuerst den „Kranken" und hinterläßt ein symbolisches Geschenk, etwas Tabak oder Bethelnuß.

Im Nebel, der den Sesean und Batutumonga häufig verhüllt, zwischen hohen Bambusstauden und dem Prasseln des Nachmittagsgusses auf dem Bambusdach im Ohr fühle ich mich abgeschnitten von der Welt, irgendwo tief in einem geheimnisvollen Dschungel. Vor der Veranda des Homestays glänzen nasse Kaffeesträucher mit dunkelgrünen, kräftigen Blättern und grün- und rotschimmernden Kaffeekirschen. Der Blick ins Tal ist nur zu erahnen, einige Bananenstauden und Bäume sind zu erkennen, bevor sich alles in den Wolken verliert.

Ahnenkult und Totenfeiern

Der Ahnenkult der Toraja mit den aufwendigen Totenfeiern und Büffelopferungen ist weltweit einmalig. Die Gäste der Zeremonien, die sich bis über zwei Wochen hinziehen können, werden von aufwendig geschmückten Frauen empfangen. Nach der Feier werden die Toten in Felswänden beigesetzt.

Zurück in Rantepao haben wir die Gelegenheit, an einer Totenfeier teilzunehmen. Zwar sind die Toraja heute zum überwiegenden Teil Christen, diese Tatsache hat der Beliebtheit traditioneller Feiern jedoch keinen Abbruch getan. Hinzu kommt, daß wegen des steigenden Wohlstandes immer mehr Familien in der Lage sind, die teuren Totenfeiern auszurichten, die früher nur der Adelsschicht vorbehalten waren. Sieben bis vierzehn Tage dauern die Feierlichkeiten an. Die ersten zwei Tage sind den engeren Verwandten vorbehalten, danach werden auch andere Gäste empfangen. Für den dritten Tag ist die Opferung der Büffel angesetzt.

Es trifft sich günstig für uns, daß unsere Gastgeber im Hotel Pia's Poppies weitläufig mit der Familie des Verstorbenen verwandt sind. Abi, die Nichte der Wirtsfamilie, begleitet uns. Ein Schwein als Geschenk wurde schon vorausgeschickt. Für uns ist eine Stange Zigaretten das angemessene Geschenk, ohne das niemand auf einer Totenfeier erscheint. Wir klettern erst in einen Kleinbus, einem überdachten Pickup, auf dessen Ladefläche zwei gegenüberstehende Sitzbänke weit mehr Menschen Sitzgelegenheit bieten, als man jemals vermuten würde. Anschließend müssen wir noch ein Stück laufen, nur ein kurzes Stück Weg nach Abis Meinung.
Das kurze Stück wird immer länger, der Weg schlechter und schlechter. Die erste halbe Stunde versuchen wir noch, jede nasse Stelle zu umgehen, dann sind wir nur noch bemüht, die nassen Schuhe möglichst sauber zu halten.

Das Fleisch der geopferten Tiere wird für die oft über tausend Gäste zubereitet. Der Rest wird versteigert und verteilt.

Schließlich ist der Weg von einer knöcheltiefen Morastschicht bedeckt. Ausweichen ist nicht möglich, links und rechts des Weges sind Bäche und Reisfelder, in denen man sicherlich mehr als nur knöcheltief versinken würde. Unsere Anstrengungen gelten nicht mehr unseren Schuhen, sondern unserem Gleichgewicht, um nicht gänzlich kopfüber im Schlamm zu landen. Vor uns balancieren vier Träger ein an Bambusstangen aufgehängtes, quiekendes, fettes Schwein über die schmalen Dämme.

Um neun sollten die Büffel geopfert werden, um zehn treffen wir schließlich ein. Wir hetzen den letzten glitschigen Hang zur eigens für die Feier errichteten Häusergruppe hinauf, um wenigstens den letzten Büffel fallen zu sehen. Aber wir können aufatmen, unserer Sensationsgier ist nicht viel entgangen. Lediglich ein Büffel liegt im Schlamm des Festplatzes, zwölf weitere harren ihres Schicksals. Trotz dieser stattlichen Zahl reicht es für den Toten nicht zu einem Tau Tau, einer hölzernen Gedenkfigur. Diese erhalten nur besonders bedeutende Persönlichkeiten, bei deren Totenfeier mindestens vierundzwanzig Büffel geopfert werden müssen. Dazu kommen dann leicht noch einmal hundert Schweine.

Die Seelen der geopferten Büffel begleiten den Verstorbenen nach puya, dem jenseitigen Reich der Seeligen. Möglichst viele Büffel sind eine Gewähr für ewiges Leben – und dafür, daß der Seele nicht der Zutritt zum puya verwährt wird und der Verstorbene störend umherirrt. Um eine große Anzahl von Büffeln mit ins Jenseits nehmen zu können, ist es wichtig, möglichst viele Kinder zu haben, die Büffel opfern. Dies trägt dazu bei, daß dem Bemühen um Geburtenkontrolle bei den Toraja bislang nur geringe Erfolge beschieden war.

Die Opferung der Büffel ist auf einen unbestimmten Termin verschoben. Dafür finden Büffelkämpfe statt, die von allen Anwesenden begeistert verfolgt und kommentiert werden. Das zweite Kampfpaar bilden zwei besonders wertvolle, schwarzweiß gefleckte Büffel. Die seltenen schwarzweißen oder gar rosigweißen Büffel kosten ein Vielfaches der einfachen Arbeitsbüffel. Sie werden ihr Leben lang gehätschelt und gepflegt und laufen nicht im entferntesten Gefahr, vor einen Pflug gespannt zu werden. Sie werden nur für die Opferung aufgezogen, sind im Vorfeld immer zahlreich zu sehen – aber wenn die Opferung beginnt in der Regel von der Bildfläche verschwunden und durch gewöhnliche Büffel ersetzt. Vermutlich ist der Verleih der gefleckten Büffel zu Repräsentationszwecken ein einträgliches Geschäft. Da diese Büffel aber immer nur gehätschelt werden, fehlt ihnen zumeist jede

Aggressivität. Unser Büffelpaar beschnüffelt sich nur ausgiebig, dann zieht es sich auf ein anderes Reisfeld zurück, um dort unter dem lauten Gelächter der Zuschauer Liebesspiele zu veranstalten. Ein peinlicher Augenblick für die Besitzer, da ihre Männlichkeit mit der ihrer Büffel in Verbindung gebracht wird.

Der Rest des Festtages vergeht mit Warten. Jede Familie hat ihr kleines Häuschen aus Bambus. Dort werden starker Kaffee und Plätzchen gereicht. Ständig trägt man sorgfältig mit Rotanschnüren verpackte Schweine über den Hof. Alle Neuankommenden werden in Gruppen empfangen. Jedes Geschenk wird sorgfältig in einem Buch vermerkt, da es bei einem Todesfall in der Geberfamilie zurückgeschenkt werden muß. In einer Küche werden regelmäßig Schweine abgestochen und die angeröstete Speckschwarte als besondere Köstlichkeit herumgereicht. Über den Zeitpunkt der Opferung besteht noch Unklarheit. Der nächste Tag ist ein Sonntag. Die Opferung würde mit dem Kirchgang kollidieren. Also wird schließlich der Montagmorgen als Termin festgesetzt, an dem die Opferung der Büffel dann auch pünktlich um neun Uhr stattfindet.

Selbst in den entlegensten Gegenden Indonesiens gibt es Schulen, da allgemeine Schulpflicht herrscht. Das Innere dieses großen Torajahauses erinnert an ein Schiff.

 Nur für besonders wichtige Persönlichkeiten wird ein Tau Tau, eine hölzerne Totenfigur, aufgestellt. Mindestens 24 Büffel müssen in diesem Fall geopfert werden.

Die Büffelhörner, die von geopferten Tieren stammen, weisen auf den Status einer Familie hin. Am Haus der wichtigsten Familie des Dorfes finden sich die meisten Hörner.

BALI

 Bali, das ist für uns fast das Synonym für ein paradiesisches Ferienziel. Lachende Menschen, die entspannt und offen zu sein scheinen, weite Sandstrände, üppige Vegetation in einer wunderschönen Landschaft. Doch das Paradies auf Erden, zu dem die Insel oft stilisiert wurde, ist Bali nie gewesen.

Ein großer Teil des Reizes der „Götterinsel" Bali geht von den allgegenwärtigen kleinen Tempeln und Schreinen aus. Diese bestechen weniger durch künstlerische Raffinesse als durch ihre ständig erneuerte, liebevolle Dekoration.

Leben in Bali

Schon in den zwanziger Jahren zog Bali Künstler und Abenteurer an, die glaubten, in Bali den Garten Eden auf Erden gefunden zu haben. Ein exotisches Paradies fern jeder Künstlichkeit und Konventionalität. Doch ein solches Paradies, zu dem die Insel oft stilisiert wurde, ist Bali nie gewesen. Dem Fremden, der Bali zum ersten Mal besucht, fallen die hohen Mauern und die strengen Fluchten ins Auge, die die Dörfer und Tempel bestimmen und strukturieren. Doch sie sind viel mehr als ein architektonisches Element. Sie sind Ausdruck der inneren Einstellung der Balinesen und ihrer Lebensweise. Das Leben der Inselbewohner wird in einem für Europäer nicht vorstellbaren Maß durch Regeln und Organisationen bestimmt, die sich jeder Balinese einverleibt hat und ohne die er sich schutzlos fühlt. Alles, was nicht strikt geordnet ist, macht dem Balinesen Angst. Kein Balinese schläft ohne Unbehagen außerhalb der Mauern seines Familiengehöftes. Im Freien, jenseits dieser Mauern und der damit verbundenen Ordnung, lauern für den Balinesen zerstörerische Elemente.

Der Wohnort und die Umgebung müssen in allen Teilen organisiert und ausgewogen sein. Das Dorf wird mit „Herr Dorf", I Desa, angesprochen. Das Anwesen wird mit dem menschlichen Körper verglichen, wobei den verschiedenen Gebäuden Körperteile zugeordnet sind. So ist der Familienschrein der Kopf des Anwesens, die Schlaf- und Wohnräume sind die Arme, Küche und Getreidespeicher werden als die Füße betrachtet. Das Anwesen ist nach Ansicht der Balinesen genau wie der Mensch nur in seiner Gesamtheit funktionstüchtig. Vollständigkeit und damit Ausgeglichenheit sind so wichtig, daß einem Menschen, der behindert ist oder dem auch nur ein Finger fehlt, nicht die vollen Rechte zuerkannt werden.

Das balinesische Dorf

Die Mauern der balinesischen Gehöfte sind nur von einem einzigen Eingang unterbrochen hinter dem eine hohe Mauer steht, die den Einblick verwehrt und böse Geister in die Irre führen soll. Innerhalb der Mauern gibt es ein Haupthaus, eine Reihe von kleinen Häusern und Bales sowie drei Familienschreine und ein symbolisches Familiengrab. Die Bales sind erhöhte Plattformen, die traditionell Dächer aus Alang Alang-Gras tragen. An einer oder zwei Seiten befinden sich feste Wände, die anderen Seiten werden bei Bedarf mit Bambusmatten abgehängt.

Trotz des Touristenansturms auf die kleine Insel sind die Traditionen Balis bislang weitgehend intakt geblieben. Täglich werden die Hausaltäre geschmückt und zu Festtagen werden reiche Opfergaben in die Tempel gebracht.

Das balinesische Dorf ist gekennzeichnet durch Fluchten von Mauern, die, rechtwinklig zueinander verlaufend, sich die Wege entlang ziehen. Die breite Hauptstraße verläuft in Kelod-Kaja-Richtung, vom Meer in Richtung des Vulkans Gunung Agung, des höchsten Punktes in Bali, der auf Bali die Rolle des Weltenberges Mehru, der von den Hindus als Zentrum der Welt angesehen wird, übernommen hat.

Entsprechend der balinesischen Welteinteilung sind auch die Tempel entlang dieser Achse im Dorf verteilt. Am oberen Ende liegt der Pura Purseh, der Ursprungstempel. Wörtlich übersetzt bedeutet der Name „Nabel Tempel". Hier werden die Götter des Dorfes als Gründer des Dorfes und als Ahnen der Bevölkerung verehrt. Im Dorf liegt der Pura Desa, der Dorftempel. Er ist für die Fruchtbarkeit der Felder verantwortlich. Jeder, der Land bestellt, das im Bereich des Dorfes liegt, wird hier um Fruchtbarkeit bitten, selbst wenn er im Nachbardorf wohnt. Schließlich liegt der letzte der drei Tempel, der Pura Dalem, am unteren Ende des Dorfes beim Friedhof. Er ist der Unterwelt und den Toten geweiht.

Diese Einteilung entspricht dem balinesischen Kosmos. Die Berge und der Himmel sind die Welt der Götter. Der Untergrund ist das Reich der bösen Mächte und Dämonen. Dazwischen liegt das Reich der Menschen. Da das Meer unten liegt, gilt es als Sitz des Bösen und als Ursprung allen Unheils. Nach dem gleichen Prinzip ist auch der menschliche Körper eingeteilt. Daher gelten die Füße, da nach unten gerichtet, als unrein.

Die balinesische Gesellschaft ist streng hierarchisch in Kasten gegliedert. Die Triwangsa, die Dreierkaste, bildet die Aristokratie. Sie besteht aus der Priesterkaste, den Brahmanen, der Herrscherkaste, den Satria, und der Kaste der Krieger und Händler, den Wesia. Diesen drei Kasten gehören weniger als zehn Prozent der Bevölkerung an. Der große Rest gehört zur Kaste der Sudra, der niedrigsten der vier balinesischen Kasten. Anders als in Indien gibt es keine weiteren Unterteilungen und vor allem keine Kastenlosen und Unberührbaren. Und arme Brahmanen, auch das ist anders als in Indien, scheuen durchaus nicht vor körperlicher Arbeit zurück.

Die meisten Dörfer sind in Bezirke eingeteilt, die die für das Leben der Balinesen wichtigste Einheit bilden. Leben im Dorf reiche Angehörige der oberen Kasten, so gibt es für sie besondere Einheiten im Dorf, die Geria für die Brahmanen, die Puri für Satria und Wesia. Es ist aber durchaus nicht ungewöhnlich, daß Mitglieder der oberen Kasten, soweit sie keine herausgehobene ökonomische Bedeutung haben, wie ganz gewöhnliche Mitglieder des Dorfes leben.

Das Leben im Dorf wird von Organisationen gelenkt, die anders als dies das hierarchische Kastensystem vermuten läßt, gleichberechtigt und demokratisch strukturiert sind. Die wichtigste dieser Organisationen ist die Banjar, die Wohnviertelvereinigung. Die Banjar entscheidet über die Angelegenheiten des Wohnviertels. Beschlüsse müssen einstimmig gefaßt werden, was zwangsläufig zu langen Diskussionen führt, in denen um Kompromisse gerungen wird. Die Teilnahme an diesen Sitzungen, die einmal monatlich stattfinden, ist Pflicht. Die Banjar hat sogar das Recht, Mitglieder, die gegen die Regeln verstoßen, zu ächten und ihr Land zu beschlagnahmen. Mitglied der Banjar können nur Paare werden. In der Regel sind dies Ehepaare, manchmal sind dies aber auch Bruder und Schwester oder Tante und Neffe. Löst sich eine solche Beziehung, wird der Hinterbliebene als „halbe Person" genötigt, aus der Banjar auszutreten. Die Banjar ist für die Balinesen beinahe wichtiger als die eigene Familie. Es ist nicht ungewöhnlich, daß ein Säugling von einer anderen Frau als der eigenen Mutter gestillt wird. Das Kind wird, im wörtlichen Sinn, von der Banjar genährt und bleibt ihr sein Leben lang verpflichtet. Jedes Mitglied der älteren Generation muß zeitlebens mit „Vater" bzw. „Mutter" angesprochen werden. Die Vorstellung, aus dieser Gemeinschaft ausgeschlossen zu werden, verfolgt den Balinesen sein ganzes Leben und ist gleichbedeutend mit „sich hinlegen und sterben". Die andere äußerst wichtige Vereinigung ist die Subak. In ihr sind alle Reisbauern vertreten, die dem gleichen Bewässerungssystem angehören. Die Subak entscheidet darüber, wer wann wieviel Wasser erhält, welche Felder in Dürreperioden bewässert werden, wer die Bewässerung leitet und wer der Arbeit fernbleiben darf. Dadurch besitzt sie eine ungeheure Machtfülle. Wer sich nicht an die Anordnungen hält, kann durch Wasserentzug bestraft und somit ruiniert werden.

Damit ist es aber nicht genug. Es gibt Vereinigungen, Sekhas, für beinahe jeden Zweck, sei es für die Eichhörnchenjagd (die Eichhörnchen sind nicht sehr beliebt, weil sie die Kokosnüsse aufbeißen) oder zum gemeinsamen Reisweintrinken. Auch das örtliche Gamelan-Orchester ist in einer Sekha organisiert. Und jede dieser Vereinigungen hat ihre eigene Satzung, ihren Vorsitzenden und versucht, gegenüber anderen Vereinigungen soviel Einfluß wie möglich geltend zu machen.
Die kleinste dieser Vereinigungen ist die Familie. Innerhalb der Mauern des Familiengehöfts hat sie ihren Rückzugsbereich. Hier sind auch Vereinsfunktionäre gehalten, höflich zu sein und sich kurz zu fassen, auch wenn es um eine wichtige Angelegenheit geht.

Die für Touristen organisierten Tanzaufführungen werden auch von den Balinesen immer noch begeistert verfolgt.

Balis Schönheit liegt in Details und seiner tropischen Fruchtbarkeit. Selbst Statuen und Tempel werden immer wieder von Moos überzogen.

Bezeichnend für die Organisation auch des privaten Lebens ist die Form der Anrede und die Namensgebung. Ein Balinese wird in der Regel nicht mit seinem Eigennamen angesprochen. Mit diesem werden nur Kinder oder Menschen, die nicht ernstgenommen werden, gerufen. Oft gerät der Eigenname ganz in Vergessenheit, da er praktisch nie ausgesprochen wird. Ein Kind erhält erst zu seinem ersten Geburtstag, nach dem balinesischen Kalender nach zweihundertundzehn Tagen, seinen persönlichen Namen. Dieser ist aber nur den nächsten Verwandten bekannt und wird nur selten benutzt. Im täglichen Gebrauch werden die Namen der Geburtenfolge oder Anreden, die den familiären Bezug herstellen, verwandt. Diese lauten Wayang, für das Erstgeborene, gefolgt von Made, Nyoman und Ketut. Auf das vierte Kind folgt wieder ein erstes, was bezeichnend für das kreisförmige Denken im Hinduismus ist. Dieses zweite Erstgeborene ist dem ersten in allem gleichgestellt. So wird der Einzelne in der balinesischen Gesellschaft zwar bezeichnet, aber stets darauf hingewiesen, daß er nur in Bezug auf die Gemeinschaft und durch sie existiert.

Die Sprachsituation in Bali ist reichlich verwirrend und ist Ausdruck des bestehenden Kastensystems. Im wesentlichen existieren zwei Sprachen, eine Hochsprache und eine niedere Sprache. Die Hochsprache stammt von der javanischen Hofsprache ab, mit einer sehr blumigen Ausdrucksweise, die viele Sanskritausdrücke enthält. Neben den beiden Sprachen existiert noch eine Mittelsprache. Je nach gesellschaftlicher Stellung der Personen in einer Unterhaltung muß die entsprechende Sprache gewählt werden. Dabei spricht allerdings ein Mitglied der Dreierkaste einen Sudra in der niederen Sprache an, während dieser sich der Hochsprache bedienen sollte. Tatsächlich beherrschen aber nur wenige Sudra die Hochsprache gut, so daß sie in der Regel die Mittelsprache verwenden. Ist die Position der Sprecher zueinander unklar, so wird ebenfalls die Mittelsprache verwandt. Die komplexe Situation wird heute allerdings mehr und mehr mit der Verwendung der neutralen Bahasa Indonesia umgangen.

Wichtig ist nach wie vor die korrekte Form der Anrede. Sudra werden mit I, Herr, angesprochen, Brahmanen mit Ida Bagus, was hervorragender Herrlicher heißt, oder der entsprechenden weiblichen Form Ida Ayu. Generell sind die Balinesen darauf bedacht, sich korrekt und höflich zu verhalten. Wer als ungeschliffenes Objekt gilt, wer sich nicht unter Kontrolle hat, dem droht der Verlust des Gesichtes und damit der Ausschluß aus der Gemeinschaft. Nicht zuletzt auf diese Selbstbeherrschung ist die balinesische

Tanah Lot, ein auf einer Insel vor der Küste gelegener Tempel, ist eine der meistbesuchten Sehenswürdigkeiten Balis.

Freundlichkeit und Nachsicht gegenüber allen Tabuverletzungen und Taktlosigkeiten von Touristen zurückzuführen. Schmerz und Verwundung werden nicht gezeigt, die Kontrolle über sich zu behalten, ist oberstes Gebot. Fröhliche Gesichter führen leicht zu dem Mißverständnis, es würde nicht getrauert, lachende Gesichter zu ungebührlichem Verhalten von Touristen verleiten zu dem Schluß, daß das Fehlverhalten gebilligt würde.

Beispielhaft für die Weltsicht der Balinesen ist die Handlung des Barong, eines Tanzdramas. Im Schlußakt des Barong kämpft ein gutes Fabelwesen, der Barong, nach dem das Drama benannt ist, mit der Hexe Rangda, kann sie aber nicht besiegen. Daraufhin eilen mit einem Kris bewaffnete Kämpfer dem Barong zur Seite und greifen die Hexe an. Doch diese verhext die Kämpfer, so daß sie die Dolche gegen sich selbst richten. Doch der Barong verhindert durch guten Zauber, daß sie sich selber verletzen. Keiner der beiden Seiten gelingt letztlich der Sieg. Aber die Hexe Rangda kann in ihre Grenzen verwiesen werden.

Der dabei erfolgte Ausgleich ist das Kernstück der balinesischen Kultur. Widersprüche wie Tradition und Tourismus führen nicht zum Kampf bis zum Untergang einer der beiden Seiten. Es wird vielmehr ein Ausgleich gesucht, der beiden Seiten eine Existenzmöglichkeit sichert – und hoffentlich auch im Falle der heutigen übermächtigen Einflüsse von außen – das Überleben der balinesischen Kultur möglich macht.

 Die Tempel Balis werden täglich von Gläubigen aufgesucht und geschmückt. Zu besonderen Tempelfeiern pilgert das ganze Dorf, wobei die Frauen Opfergaben auf dem Kopf tragen.

Die Reisterrassen bilden in Bali wahre Landschaftskunstwerke. Im Lauf von Generationen wurden sie kunstvoll an den Ausläufern der Vulkane angelegt, um so jeden Flecken der Insel für den Reisanbau nutzbar zu machen.

JENSEITS VON BALI

 Jenseits von Bali erstreckt sich der große weite Osten Indonesiens, ein unermeßlich weites Gebiet, das auf den Landkarten in unseren Köpfen immer noch terra inkognita ist. Irgendwo jenseits von Bali gibt es die letzten Drachen, die Komodowarane, erstrecken sich die endlosen Sümpfe und Dschungel Neuguineas.

Indonesiens weiter Osten

Zwischen Bali und Lombok verläuft die sogenannte Wallace-Linie, die die Fauna und Flora Eurasiens von der australischen trennt. Doch ganz so eindeutig ist diese Teilung nicht, wie man heute weiß. Vielmehr gibt es ein Übergangsgebiet, in dem Teile beider Tier- und Pflanzenwelten vorkommen. Alle asiatischen Großtiere, wie Tiger, Elefanten und Nashörner, konnten jedoch niemals den tiefen Graben überwinden, der Bali von Lombok trennt. Auch als in den Eiszeiten der Meeresspiegel sank und man trockenen Fußes von der malaiischen Halbinsel bis Bali vordringen konnte, trennte Bali und Lombok immer noch ein tiefer Meeresgraben. Einen Eindruck davon, wie tief und einschneidend der Graben zwischen den Inseln ist, erhält man, wenn man die Fähre zwischen Bali und Lombok nimmt. Heftige Strömungen und rauhe See machen die Überfahrt oftmals zu allem anderen als einem Vergnügen. Kaum auf Lombok gelandet, findet man sich in einer anderen Vegetation wieder. Die Kleinen Sundainseln werden zunehmend trockener, je weiter man nach Osten vordringt. Und auch das kurze Stück, das Lombok von Bali entfernt ist, zeigt schon deutliche Unterschiede. Die überquellende Fruchtbarkeit der westlichen Inseln scheint hier langsam zu versiegen. Je weiter man nach Osten gelangt, desto trockener und brauner werden die Inseln außerhalb der Regenzeit. Bis sich in Neuguinea wieder die Regenwolken fangen und dort immergrüne und feuchte Dschungel schaffen.

Der Mensch schaffte den Sprung über den Graben, über vierzig Kilometer aufgewühltes Wasser, vermutlich vor vierzig- bis fünfzigtausend Jahren. Je weiter man nach Osten vordringt, desto deutlicher werden die Spuren, die die vorangegangene Besiedlung in den Gesichtern der Einwohner hinterlassen hat, bis man in Neuguinea auf Völker trifft, die mit der restlichen Bevölkerung Indonesiens nichts mehr gemein haben. Aber auch schon auf Flores ist der melanesische Einfluß unübersehbar.
Weitere Einflüsse kamen immer wieder aus dem Westen. Alle größeren Säugetiere, die die Inseln östlich der Wallace-Linie bewohnen, kamen vermutlich erst in den letzten fünftausend Jahren mit dem Menschen, der auch Ackerbau, Viehzucht und Töpferei über das Wasser brachte. Die ältesten Knochenfunde von Wasserbüffeln, Ziegen, Hunden und Katzen in diesem Gebiet sind kaum dreitausend Jahre alt.

Noch erheblich viel später erreichten starke Einflüsse aus Bali Lombok. Die Sprache der Sassak auf Lombok ist sehr stark mit dem Balinesischen und

Tausende unberührte Inseln und Strände harren im weiten Osten Indonesiens noch ihrer Entdeckung.

Der nur vierzig Kilometer breite Graben zwischen Lombok und Bali bildet einen tieferen Einschnitt als die kurze Distanz vermuten läßt. Jenseits der Meeresenge beginnt die Wallacea, *eine Übergangsregion zwischen der eurasischen und der australischen Fauna.*

Javanesischen verwandt, während die Sprache des östlichen Sumbawa weitaus größere Verwandtschaft mit den auf den Molukken gesprochenen Sprachen aufweist. Der balinesische Einfluß auf Lombok zeigt sich im Westen der Insel, der lange balinesisch beherrscht wurde, auch in zahlreichen hinduistisch-balinesischen Bauwerken.

Die Kleinen Sundainseln

Lombok ist dank seiner Nähe zu Bali und seiner wunderschönen Strände mittlerweile eines der beliebtesten Reiseziele Indonesiens. Denn was die Strände betrifft, übertrifft Lombok die schöne Schwester um Längen. Und noch herrscht hier kein Touristentrubel wie in Balis Süden. Lomboks Kuta, ein Strand im Süden der Insel, ist bislang eine wunderbare Bucht mit kristallklarem, smaragdgrünem Wasser und wenigen Hotels. Auch in Sengiggi, dem Hauptstrand der Insel im Westen, herrscht noch vergleichsweise Ruhe. Endlose Touristenscharen, stehender Verkehr und dröhnende Diskos sind hier bislang unbekannt.

Im Nordwesten Lomboks finden sich die Gilis, drei kleine Eilande mit Korallenriffen, weißen Stränden und guten Tauchgelegenheiten. Auf den kleinen Inseln befinden sich zahlreiche kleine Restaurants und Hotels sowie Tauchschulen und Taucher, die hier im zwanzig Meter tiefen, reich belebten Meer gründeln.

Die nächste Insel in Richtung Osten, Sumbawa, ist touristisch völlig unerschlossen, obwohl zwischen Lombok und Sumbawa regelmäßig Autofähren verkehren. Wer sich hierhin verirrt, will in der Regel nach Komodo, um die Komodowarane zu sehen, und läßt es sich angelegen sein, die Insel so schnell wie möglich zu durchqueren. Dabei locken auch an der Südküste Sumbawas endlose, menschenleere Sandstrände. Nördlich von Sumbawa liegt Moyo, eine Insel, die zu zwei Dritteln unter Naturschutz steht und wunderbare Schnorchelgründe bietet.

Wer es eilig hat, kann Lombok in zwei Stunden von Hafen zu Hafen durchqueren, auf die nächste Fähre springen und es hinter sich lassen. So leicht macht es Sumbawa dem Eiligen nicht. Sechzehn Stunden auf einer langen Busfahrt durch Sumbawa muß auch derjenige aufbringen, der die Insel nur durchreisen will. Sumbawa ist größer als Bali und Lombok zusammen. Trotzdem leben kaum achthunderttausend Menschen auf der Insel, das ist etwa ein Drittel der Bevölkerung der kleinen Nachbarinsel Lombok. Auf der Landkarte wirken die Konturen der Insel, als ob hier verschiedene Inseln notdürftig zusammengesetzt worden wären.

Ein tiefer kultureller Riß durchzieht die Sumbawa. Während der Westen stärker zur Sassak-Kultur Lomboks tendiert, hat der östliche Teil stärkere kulturelle Bindungen an Flores und Sumba.

Auf Sumbawa ereignete sich der größte, in historischer Zeit berichtete Vulkanausbruch. 1815 explodierte der heute 2851 Meter hohe Vulkan Tambora, wobei er das obere Drittel seiner Spitze einbüßte, und begrub die Insel unter Millionen von Kubikmetern von Asche. Die Sultanate Sanngar und Pekat auf der Tambora-Halbinsel wurden ausgelöscht. Aber noch mehr Menschen verloren ihr Leben durch die nachfolgende Hungersnot. Selbst auf Lombok forderten die Auswirkungen des Vulkanausbruchs noch viele Opfer.

Komodo – Besuch auf der Dracheninsel

Zwischen Sumbawa und Flores liegt einer der geheimnisvollsten und faszinierendsten Winkel Indonesiens, eine wundervolle Ansammlung kleiner und größerer Inseln im kristallklaren Wasser der Flores-See. Inseln umgeben von Sandstränden, vor denen sich im smaragdgrünen Wasser lebendige Korallenriffe finden. Auf den zwei größten dieser Inseln lebt ein sagenumwobenes Tier, der Komodowaran, der nur hier und im Westen von Flores zu finden ist. Erst 1910 wurde dieses Tier der Wissenschaft durch eine niederländische Expedition bekannt, die den Gerüchten um die Existenz riesenhafter Echsen auf den Grund gehen wollte. Doch ist es eher die Sensationslust, die aus diesen Echsen „Drachen" macht. Der Komodowaran ist lediglich der größte und schwerste aus der Gattung der Warane, die auch anderweitig zwischen Nordafrika und Neuguinea verbreitet sind. Warane sind Fleischfresser. Die Kost reicht je nach Größe der Spezies von Insekten bis zu Wildschweinen und Hirschen. Allerdings sind Warane keine ausdauernden Jäger. Daher steht Aas ganz oben auf ihrer Speisekarte. Als Jäger lauern sie geduldig im Gebüsch, bis ein unachtsames Opfer ihnen zu nahe kommt und sie es mit einem blitzschnellen Satz erreichen oder einem Schlag ihres kräftigen Schwanzes zu Boden strecken können. Beim Angriff sind die gefährlichsten Waffen des Komodowarans seine messerscharfen Klauen und Zähne. Hat der Waran ein Tier bei einem Bein zu fassen bekommen, schlägt er es mit dem Schwanz nieder und reißt dem hilflosen Opfer blitzschnell die Bauchdecke auf, um die Därme herauszuzerren und sich selbst in der Bauchhöhle zu vergraben.

Komodo und die Nachbarinsel Rinca wurden zum Schutz der Warane in einen Nationalpark verwandelt. Schon die Anfahrt durch diese schillernde

Weit im Osten, zwischen Sumbawa und Flores, findet sich Komodo, Heimat des nach ihr benannten Warans.

Die Atmosphäre auf Rinca und Komodo im Komodo-Nationalpark ist geeignet, um an das Vorhandensein der letzten Drachen zu glauben. Die trägen Warane, die faul in der Sonne dösen, strafen allerdings jeden Gedanken an blutrünstige Ungeheuer Lügen.

Inselwelt ist ein Traum. Kaum hat man die Insel betreten, trifft man auf Spuren der Warane und mit etwas Glück muß man nicht lange auf eine erste Begegnung warten. Zumeist liegen die bis zu drei Meter langen Tiere träge unter Büschen und scheinen wenig gewillt, sich zu bewegen. Bestenfalls schleppt sich eine der Echsen ein paar Meter vorwärts, um sich einen neuen Ruheplatz zu suchen. Man hat nicht den Eindruck, einer räuberischen Bestie gegenüber zu stehen. Da die Tiere in ihrer kaum zu erschütternden Starre keine mitreißenden Fotomotive für die anreisenden Touristen abgeben, wurden die Warane bis 1994 gefüttert, wobei eine Ziege blitzschnell von den Tieren zerrissen und verschlungen wurde. Da diese Fütterungen aber nicht artgerecht waren, sind sie mittlerweile völlig eingestellt worden.

Flores

Je weiter man nach Osten vordringt, desto abenteuerlicher wird die Fortbewegung über die Kette der Kleinen Sundainseln. Reisen in diesem Teil Indonesiens bringt einige Unbequemlichkeiten und Ungewißheiten mit sich – aber eben genau damit auch den Hauch Abenteuer, der vielerorts schon der modernen Infrastruktur gewichen ist. Speziell in der Regenzeit, wenn die Straßen unter Schlammlawinen versinken, ist der Fahrplan der Busse vom Zufall abhängig. Jenseits des Alor-Archipels ist der Reisende dann vollends auf gelegentlich verkehrende Schiffe angewiesen, alte Frachter, die dann und wann die Inseln anlaufen.

Flores ist mit seiner zerklüfteten Gestalt eine der landschaftlich reizvollsten Inseln Indonesiens. Vulkane mit zerrissenen Hängen dominieren weithin das Landschaftsbild. Doch sind es weniger Urwälder, die die Hänge bedecken, als Savannen, die in der langen Trockenzeit verbrannt und braun die Vulkane überziehen. Der Name Flores scheint in der Trockenzeit wenig angebracht zu sein. Er geht auf die Portugiesen zurück, die sich Teile von Flores wegen ihrer strategischen Bedeutung auf der Route für den Sandelholzhandel sicherten. Die Portugiesen setzten viel Energie in die Christianisierung der Bevölkerung. Selbst als die Portugiesen den Holländern 1859 ihre Ansprüche auf Flores verkauften, machten sie zur Bedingung, daß die Insel katholisch bliebe. So sind bis heute die Osterprozessionen in Larantuka im Osten der Insel ein besonderes Ereignis geblieben.

Die größte Attraktion von Flores ist der Kelimutu mit seinen farbigen Kraterseen. Alles bricht in der Dunkelheit früh morgens von Moni am Fuß des

Berges aus auf, um den Sonnenaufgang auf dem Gipfel zu erleben. Um vier Uhr fährt der LKW der Mission, der mit seinen auf der Ladefläche montierten Bänken auch als Bus dient. Vom Ende der Straße liegt nur noch ein Kilometer Fußmarsch vor den Besuchern. Ungeduldig hastet jeder hinauf, um rechtzeitig zum entscheidenden Augenblick oben zu sein. Dann erhebt sich die Sonne über den Bergen im Osten und gießt ihre roten Strahlen über das Meer, das sich im Süden bis zum Horizont in Richtung Australien hinzieht. Zu Füßen der Besucher liegen zwei farbige Kraterseen, der dritte, fast pechschwarze, liegt im Rücken der Staunenden.

Bis vor einigen Jahren war der Farbkontrast der Seen – vor allem, wenn man sie gemeinsam aus der Vogelperspektive betrachten konnte – noch viel größer, da der heute dunkelgrün gefärbte See in tiefem Rubinrot erstrahlte.

Timor – die geteilte Insel

Timor ist die größte der Kleinen Sundainseln – eine rauhe und trockene Insel, die anders als der größte Teil der Sundainseln nicht von Vulkanismus bestimmt ist. Timor liegt südlich der Vulkankette. Daher sind die Böden weit ärmer als anderweitig. Die Regenfälle auf der Insel sind zu unzuverlässig, um einen sicheren Feldanbau zu gewährleisten. Es waren die Sandelholzwälder, die die Portugiesen und später die Holländer nach Timor zogen. Lange vorher schon hatten chinesische und arabische Kaufleute den Handel mit dem wohlriechenden Holz betrieben. Bereits 1515, nur drei Jahre nach ihrer Eroberung von Malakka, landeten die Portugiesen auf Timor. Sieben Jahre später ankerte die Victoria, der Überrest von Magellans Weltumseglungsflotte, vor Timor. Der Chronist hielt in einer Notiz fest, daß die Portugiesen in der kurzen Zeit bereits die Syphilis auf Timor verbreitet hatten. Den Portugiesen gelang es jedoch nicht, die Insel unter ihre Kontrolle zu bekommen. Sie konnten lediglich ein Fort errichten, in dem sich der Sandelholzhandel konzentrierte. Dort entstand eine Bevölkerungsschicht, die Topasse, die aus portugiesisch-timoresischen Ehen hervorgegangen waren und die bald den Handel kontrollierten.

Erst in der Mitte des 18. Jahrhunderts lenkten auch die Holländer ihr Augenmerk stärker auf Timor, und es gelang ihnen, sich im Westen der Insel, in Kupang, zu etablieren. Zu allem Überfluß wurden die Portugiesen auch noch von den Topassen, die von den Holländern als „schwarze Portugiesen" bezeichnet wurden, gezwungen, ihren Stützpunkt in Lifao zu räumen. Sie gründeten eine neue „weiße" portugiesische Hauptstadt in Dili, einem malariaverseuchten Sumpfgebiet weitab vom Zentrum des Sandel-

Reisen im Osten Indonesiens hält noch eine Reihe von Unwägbarkeiten bereit. Teile der Straße durch Flores können besonders während der Regenzeit durch Schlamm und Erdrutsche unpassierbar werden.

holzhandels. Der Naturforscher Alfred Russel Wallace besuchte 1861 Dili und beschrieb seinen niederschmetternden Eindruck: „Dehli ist ein höchst elender Ort, selbst mit den ärmsten der holländischen Städte verglichen ... nicht ein Versuch ist bis jetzt gemacht worden, eine einzige Meile weit eine Straße anzulegen oder einen einzigen Acker zu bepflanzen."

Wallace beschreibt weiterhin den Versuch der Portugiesen, vermeintliche reiche Kupfervorkommen auszubeuten. Aufgrund des Fundes einiger Brocken Kupfer und der Versicherung der Einheimischen, daß ein Berg aus fast reinem Kupfer bestünde, wurde in England ein Bergbauingenieur beauftragt, ohne weitere Untersuchungen alle Maschinen, Ausrüstung, Mechaniker und Vorräte für zwei Jahre zu besorgen und sich nach Timor einzuschiffen, um die dort entdeckten Lager abzubauen. Endlich angekommen, wurde ein Tag bestimmt, um die Mine zu eröffnen. Der Gouverneur und großes Gefolge begleiteten den Ingenieur auf den „Kupferberg", wo er die Arbeit beginnen sollte. Dieser hatte jedoch beim Anmarsch durch tief in die Felsen geschnittene Schluchten bereits feststellen können, daß kein Kupfer vorhanden war. Als er dies kundtat und sich weigerte, mit Bohrungen zu beginnen, hielten die Portugiesen es für eine englische Verschwörung, da doch jeder wisse, daß es überreiche Kupfervorkommen gebe.

Die Portugiesen waren bis zum Ende ihrer Herrschaft nicht sonderlich interessiert, das Land zu entwickeln und entließen ihre Kolonie 1975 nach der portugiesischen Nelken-Revolution in ärmlichem Zustand in die Unabhängigkeit.

Nach der Unabhängigkeit bildeten sich drei Parteien, von denen die „Revolutionäre Front des Unabhängigen Ost-Timor" den stärksten Zulauf hatte. Sowohl die revolutionäre FRETILIN als auch die konservative UDT waren gegen einen Anschluß an Indonesien. Lediglich die dritte Partei, die APoDeTi, die keine Unterstützung in Timor genoß, war für die Vereinigung. Ihr Führer konnte den zweifelhaften Ruhm für sich beanspruchen, als einziger Ost-Timorese wegen seiner Zusammenarbeit mit den Japanern eine Haftstrafe verbüßt zu haben. Nach den ersten Wahlen bildeten die UDT und die FRETILIN eine gemeinsame Regierung. Nachdem die Regierung auseinanderbrach übernahm die UDT in einem Coup die Macht, aber die FRETILIN konnte nach wenigen Wochen Dili erobern und kontrollierte innerhalb kurzer Zeit das gesamte Gebiet.

Eine Woche nachdem die FRETILIN ein unabhängiges Ost-Timor verkündet hatte, marschierte die indonesische Armee ein. Indonesien fürchtete nichts mehr als ein kommunistisches Land in unmittelbarer Nachbarschaft. Ein

Ein kleiner Trost nach vergeblichen Versuchen, den Bus aus dem Schlamm zu befreien: Wasser für eine Wäsche gibt es genug.

Morgenstimmung an der Flores-See. In der Bucht von Ende erheben sich die beiden „Hausvulkane" hinter der Stadt.

halbes Jahr später proklamierte Indonesien Ost-Timor als seine 27. Provinz. Von 1975 bis 1980 starb ca. ein Sechstel der Bevölkerung in Kämpfen oder an ihren Folgen wie Hunger und Seuchen – eine erschreckend hohe Zahl. Mittlerweile ist der Widerstand gebrochen, die Truppen wurden reduziert, hat Indonesien viel Geld in Schulen und Infrastruktur investiert. Aber die Kritik am harten Vorgehen gegen Regimekritiker bleibt von Seiten internationaler Menschenrechtsgruppen wie Amnesty International bestehen. Immer noch riskieren Gegner der indonesischen Politik ihr Leben.

Seit 1989 dürfen auch Touristen wieder nach Ost-Timor einreisen. Aber Timor liegt weit abseits der üblichen Touristenpfade. Lediglich Kupang im Westen der Insel hat als Durchgangsstation von oder nach dem nur fünfhundert Kilometer entfernten Australien an Bedeutung gewonnen.

Die farbigen Seen des Kelimutu auf Flores sind eines der spektakulärsten Naturwunder Indonesiens. Ein Anblick, der von einem anderen Planeten zu stammen scheint.

Die Gewürzinseln – einsame Inseln im Osten

Wo sich die Kette der Vulkane nach Norden wendet, beginnen die Molukken. Ein Gebiet, das einst in den Mittelpunkt des Weltinteresses rückte, als die hier produzierten Gewürze noch mit Gold aufgewogen wurden. Die Molukken bilden mit ihren rund tausend Inseln einen eigenen Archipel im Archipel. Die Inseln liegen auf einem Gebiet von zirka achthundertfünfzigtausend Quadratkilometern verstreut, von dem gerade einmal zehn Prozent über die Meereshöhe aufsteigen. Ein Teil der Inseln verdankt seine Existenz vulkanischer Aktivität am Rande dreier großer Platten, die sich hier aneinander stoßen und reiben und an deren Kanten sich der „Ring aus Feuer" entlangzieht.

Schon vor der Ankunft der ersten Europäer lebten die Einheimischen auf den Molukken vielerorts vom Gewürzhandel, da die Böden sehr arm waren. Nur ein Jahr nach ihrer Eroberung Malakkas erreichten die Portugiesen auch die Molukken, womit für die Einwohner eine Zeit harter Prüfungen begann. Mit Intrigen und Gewalt versuchten die Portugiesen, die Herrschaft über den Gewürzhandel zu erlangen. 1521 landeten die Spanier, die zweite der damaligen europäischen Seemächte, auf den Molukken. Jede der beiden Mächte beanspruchte die Inseln mit dem Hinweis auf die Aufteilung der Welt durch den Papst in eine spanische und eine portugiesische Hemisphäre. 1529 wurde der Streit um die Inseln durch eine Zahlung von dreihundertfünfzigtausend Golddukaten an die Spanier aus der Welt geschafft. 1579 erreichte Francis Drake, dessen Charakterisierungen zwischen Held und Pirat schwanken, bei seiner Weltumsegelung, der zweiten nach der Umsegelung, die Magellan für die Spanier unternommen hatte und die ihn auf den Philippinen das Leben kostete, die Molukken. Im gemeinsamen Abscheu vor den iberischen Mächten trafen sich die Geister des Seefahrers und des Herrschers über die Molukken, der sein Land daraufhin unter die Oberhoheit von Queen Elisabeth stellte.

Durch die Niederlage der spanischen Armada, die die Herrschaft der Spanier über die Meere gesichert hatte, wurde der Weg frei für andere europäische Mächte. Erstaunlich schnell gelang es den Holländern, die eigentlich mit ihnen gegen die Iberer verbündeten Engländer zu verdrängen und die Macht auf den Molukken zu übernehmen. Damit begann für die Molukken die schlimmste Periode in ihrer Geschichte. 1621 ließ der General-Gouverneur der Holländer, Jan Pieterszoon Coen, die Banda Inseln, das Zentrum der Muskatnußproduktion, besetzten. Da die Einheimischen sich zur Wehr setzten, ließ Coen kurzerhand die Bevölkerung umbringen.

Auf den Märkten wird allenthalben frischer Fisch angeboten, den die Fischer zumeist mit einfachen Auslegerbooten aus dem Meer gezogen haben. Dabei geht ihnen immer wieder große Beute in die Netze.

Die Molukken liegen noch fernab der Touristenströme. Lediglich Tauchern sind die Korallenriffe und das kristallklare Wasser der Bandas ein Begriff. Aber auch hier – scheinbar unendlich weit entfernt von der Zivilisation – fängt sich schon Plastikmüll in den Korallen.

Ein Fischer treibt Fische in das aufgespannte Netz.

Ungefähr fünfzehntausend Menschen fielen dieser brutalen Politik zum Opfer. Coen verfolgte auch auf den anderen Inseln konsequent das Ziel, den Handel mit Gewürzen zu monopolisieren. Wo es nicht gelang, die Kontrolle über die Inseln zu erlangen, wurden kurzerhand die Pflanzungen zerstört und „illegal" Handeltreibende ermordet. Das hatte verheerende Konsequenzen für die Einwohner der Inseln, die zur Deckung ihrer Lebensgrundlage auf den Handel mit Gewürzen angewiesen waren. Hunger und Armut waren die Folgen.

Im 19. Jahrhundert wurde das Monopol der Molukken auf Gewürznelken und Muskatnuß durch herausgeschmuggelte Setzlinge gebrochen. Plantagen in anderen Teilen Indonesiens, so auf Sumatra und Sulawesi, die unter holländischer Kontrolle standen, wurden angelegt, so daß die Molukken immer mehr an Bedeutung verloren.

Auch nach dem Ende der holländischen Herrschaft ging der Wunsch nach einer eigenen Republik der Südmolukken (Republik Maluku Selatan) nicht in Erfüllung. Die Molukken wurden in die Vereinigten Staaten von Indonesien eingegliedert. Der föderale Charakter der Vereinigung war Bedingung für die Eingliederung gewesen, wurde aber nach kurzer Zeit vom ersten indonesischen Präsidenten Sukarno wieder beseitigt. Teile von Sulawesi, die ebenfalls einen autonomen Status angestrebt hatten, und die Nordmolukken ergaben sich in ihr Schicksal. Die Südmolukken aber riefen 1950 einen unabhängigen Staat aus, der seine Unabhängigkeit gegen das übermächtige Indonesien jedoch nicht durchsetzen konnte.

Ironischerweise waren ausgerechnet die Molukker die besten und treuesten Soldaten der Königlich-Niederländisch-Indischen-Armee, einer Hilfstruppe, die ausschließlich aus Soldaten aus der Kolonie bestand. Auch im Unabhängigkeitskampf kämpften diese Truppen auf Seiten der Holländer. Nach dem Ende der Kämpfe und der Anerkennung der Unabhängigkeit Indonesiens durch die Holländer wurden diese Soldaten mit ihren Familien für eine Periode von sechs Monaten in die Niederlande verschifft, um von dort in einen unabhängigen Staat Südmolukken zurückzukehren. Doch dieser Traum erfüllte sich nicht. Das Holland der Nachkriegszeit hatte andere Sorgen, als für eine unabhängige Republik der Südmolukken in den Krieg zu ziehen. Lange hofften die in Holland internierten Molukker noch auf eine unabhängige Republik. In den siebziger Jahren entlud sich die Frustration junger Molukker schließlich in zwei Zugentführungen und einer Schulbesetzung. Die holländischen Molukker erhielten die Möglichkeit zur Rückkehr nach Indonesien, wovon aber nur wenige Gebrauch machten.

Der Weg zum nächsten Billiardtisch ist in indonesischen Orten nur selten weit. In Ambon quetscht sich dieser „Billiardsalon" auf Pfählen zwischen den Fischmarkt und den Hafen.

Irian Jaya – Neuguineas unerschlossene Wildnis

Nur noch wenige Gegenden der Erde weisen weiße Flecken auf. Neuguinea ist eine davon, auch wenn selbst diese Insel ihre meisten Geheimnisse schon hat preisgeben müssen. Noch stoßen Abenteuerlustige und Forscher in entlegenen, unendlich scheinenden Urwaldgebieten auf Völker, die bislang jeden Kontakt nach außen vermieden haben. Wer den Kitzel sucht, sich möglicherweise bei wochenlangen quälenden Märschen durch unwegsamen Regenwald mit Giftpfeilen beschießen zu lassen, hat die letzte Chance dazu in der Wildnis Neuguineas.

Neuguinea ist mit seinen 792 000 Quadratkilometern die zweitgrößte Insel der Erde. Am 141 Grad östlicher Breite wird sie von einer Grenze durchzogen, wie sie nur der Kolonialismus schaffen konnte – schnurgerade und unbeirrt von örtlichen Gegebenheiten. Der östliche Teil bildet den Staat Papua Neuguinea, während der westliche Teil die indonesische Provinz Irian Jaya bildet. Die rund vierhundertzwanzigtausend Quadratkilometer mit ihren kaum 1,6 Millionen Einwohnern bilden zweiundzwanzig Prozent der indonesischen Landfläche, bewohnt von weniger als einem Prozent der Bevölkerung!

Während vor allem auf der Südseite der Insel ausgedehnte Küstensümpfe bis zu dreihundert Kilometer tief in die Insel reichen, wird das Innere der Insel der Länge nach von einer hohen, zerklüfteten Gebirgskette durchzogen, auf deren Gipfel sich trotz der geringen Entfernung vom Äquator Gletscher finden. Der höchste Gipfel Indonesiens erhebt sich hier, der Puncak Jaya (früher Carstensz-Top), der entgegen früherer Messungen nicht 5030 Meter sondern „nur" 4884 Meter hoch ist.

In diesem schwer zugänglichen Land hat sich eine Unzahl eigenständiger Völker und Kulturen entwickelt. Durch die Abgeschiedenheit der von steilen Bergzügen begrenzten Täler haben sich in Irian ca. zweihundertfünfzig Sprachen herausgebildet.

Die Vorfahren der heutigen Papua und der australischen Aborigines, die Australoiden, erreichten Neuguinea vor rund vierzigtausend Jahren. Während sie aus den weiter östlich gelegenen Gebieten weitgehend verdrängt wurden, konnten sie sich im abweisenden Neuguinea gegen alle Eindringlinge behaupten. Lediglich an der Nordküste finden sich einige Gebiete, in denen sich Austronesier niederließen und mit den Papuas mischten und wo heute auch austronesische Sprachen gesprochen werden.

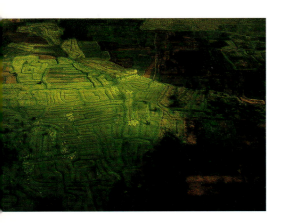

Im dicht besiedelten Tal von Wamena im Zentrum von Irian Jaya, dem indonesischen Teil Neuguineas, bilden die Gärten und Felder geometrische Muster.

Die ersten Gerüchte über die Existenz Neuguineas brachte der Chronist von Magellans Weltumsegelung nach Europa. 1521 hörte er auf Ternate von einer Insel, deren König, der Raja Papuwah, außerordentlich reich an Gold sei. Ohne Zweifel eine Falschmeldung. 1526 landeten die ersten Portugiesen, von widrigen Winden vom Kurs abgebracht, auf dem Vogelkop. Sie benannten die Insel Ilhas dos Papuas nach dem malaiischen orang papuwah, was krausköpfiger Mensch bedeutet.

Der Spanier Fernando Cortez, der in Südamerika zwar riesige Goldschätze erobert hatte, aber immer noch auf der Suche nach Eldorado war, hörte Gerüchte, die von einer Goldinsel, der Isla del Oro, sprachen, die weiter im Westen liegen sollte. Die Spanier sandten mehrere erfolglose Expeditionen von Südamerika nach Westen. 1545 beanspruchten sie die Insel für sich und gaben ihr den Namen Nueva Guinea. Nachdem sich die Erwartungen reicher Goldfunde nicht bewahrheiteten, verloren sie weitgehend das Interesse an der Insel. 1714 wurde die Insel im Abkommen von Utrecht schließlich den Engländern und Holländern zugesprochen.

Die ersten Versuche, weiße Niederlassungen auf der Insel zu gründen, schlugen fehl. Sie scheiterten am malariaverseuchten Sumpf der Küste und an den Feindseligkeiten der Einwohner. 1884 erst proklamierten die Briten ein Protektorat im Osten der Insel bei Port Moresby, und im gleichen Jahr beanspruchte das Deutsche Reich die Inseln an der Nordostküste. Fünfzehn Jahre später erst gründeten die Niederländer die ersten dauerhaften Niederlassungen.

Im frühen 20. Jahrhundert setzte ein Wettrennen ein, in dem Engländer, Holländer und Amerikaner das Innere der Insel zu entdecken suchten. 1938 wurde das Baliem Valley, das größte und fruchtbarste Hochtal, von dem Amerikaner Richard Archbold vom Flugzeug aus entdeckt. Er beschrieb ein Tal, dessen geometrisch angelegte Gärten und Bewässerungskanäle ihn an Europa erinnerten.

Seit Mitte des 19. Jahrhunderts bemühten sich auch Missionare um die Seelen der Papua. Mit wenig Erfolg anfangs. Heute missionieren immer noch verschiedene Kirchen in entlegenen Gebieten, wobei sie unterschiedliche Strategien verfolgen, was die Kultur der Papua angeht. Während die einen alle Traditionen verteufelten, sind die anderen zu der Einsicht gelangt, wenigstens Teile der überlieferten Kultur zu tolerieren.

Als Holland 1949 schließlich Indonesien als Staat anerkannte, war Irian Barat der einzige Teil ihres ostindischen Kolonialreiches, den sie nicht in die Unabhängigkeit entließen. Tausende von Holländern übersiedelten aus

In Wamena treffen Boten der modernen Welt auf eine Kultur, die bis vor kurzem noch vom Rest der Welt abgeschnitten war.

Die Menschen Neuguineas gehören ganz offensichtlich nicht dem indonesischen Kulturkreis an. In jeder Beziehung hat der Besucher eher das Gefühl, in Afrika denn in Indonesien zu sein.

anderen Teilen Indonesiens nach Irian. Die Bemühungen, Irians Bevölkerung tatsächlich zu kontrollieren, wurden erheblich intensiviert. Indonesien reagierte mit verstärktem diplomatischem Druck. Nachdem die Vereinten Nationen die Ansprüche Indonesiens ablehnten, versuchte Präsident Suharto, Irian zu infiltrieren und die Bevölkerung zum Aufstand zu bewegen. Versuche, die nicht vom Erfolg beschieden waren. Schließlich war es die Angst der Amerikaner, daß Indonesien sich gänzlich an die Sowjetunion anlehnen könnte, die dazu führte, daß diese Druck auf Holland ausübten, aus Irian abzuziehen. Ohne Rückendeckung aus Europa und durch die USA fühlte sich Holland einer militärischen Auseinandersetzung nicht gewachsen. Unter der Bedingung eines freien Plebiszits, einem „Akt der freien Wahl", übergab die U.N. 1963 Irian an Indonesien. Aber anstelle des vereinbarten Referendums versammelte Indonesien 1969 tausend Repräsentanten, die einheitlich für den Anschluß an Indonesien stimmten. Wie immer auch ein Referendum hätte durchgeführt werden können, in einem Gebiet, das in keiner Weise erschlossen war, sicher ist, daß dieses Ergebnis nicht der Meinung der Bevölkerung entsprach. Aufstände wurden durch die indonesische Armee gnadenlos niedergebombt. Die indonesischen Bemühungen, die Papua zur Aufgabe ihrer Kleidungssitten zu bringen und statt des Koteka, des Peniskürbisses, „zivilisierte" Kleidung zu tragen, führten auch nicht zur Annäherung der Positionen. Bis heute sind starke Ressentiments gegen alles Indonesische offen spürbar.

Erst recht nicht zur Aussöhnung trägt die Transmigrasi-Politik bei, in deren Folge Javaner und Balinesen von ihren überfüllten Inseln auch in Irian angesiedelt wurden. Was den Papuas vierzigtausend Jahre als Refugium erhalten blieb, sehen sie jetzt in Gefahr. Ihnen droht, im eigenen Land in die Minderheit zu geraten. Schon heute stellen die Papua kaum mehr die Hälfte der Bewohner Irians. Zwar ist die Politik Jakartas heute vorsichtiger als ehedem, wird viel Geld in Infrastruktur, Schulen, medizinische Versorgung gesteckt, aber am Grundtenor der Kolonialisierung hat sich nichts geändert. Das ist auch ein Grund, warum Touristen bei den Papua gern gesehene Gäste sind. Unter den Augen der Öffentlichkeit hoffen sie, ihr Anliegen besser vertreten zu können.

Das Baliemtal

Gelangt man mit dem Flugzeug nach Wamena und landet auf dem dortigen gut ausgebauten Flughafen, so wird sehr schnell klar, daß hier sehr unterschiedliche Kulturen und Zeitalter aufeinander prallen. Solange keine

Die Farbe auf den Gesichtern ist ein Zeichen der Trauer, das den Tod eines nahen Familienangehörigen signalisiert. Auch ist es bis heute Sitte, sich im Schmerz um den Tod ein Glied eines Fingers abzuhacken.

Maschine im Anflug ist, überqueren traditionell mit Bastrock bzw. Peniskürbis bekleidete Dani, ein Papua-Stamm, das Rollfeld auf dem Weg in die Stadt. In der Stadt herrscht ungezwungenes Nebeneinander der Kleidungsvorstellungen. Während ein Teil der Dani sich auf Turnhose und T-Shirt eingestellt hat, hält ein anderer Teil an der Besuchern bizarr anmutenden hergebrachten Kleidung fest. Insbesondere auf dem im Zentrum des Ortes gelegenen Markt treffen sich Dani aus den Dörfern des Tales, um ihre Erzeugnisse anzubieten. Der Druck von Seiten der Regierung und Missionare auf die Dani, sich „zivilisiert" zu kleiden, hat heute nachgelassen, und die Dani beginnen, sich des Wertes ihrer eigenen Kultur bewußt zu werden.

In den Dörfern außerhalb des Tales ist das Leben noch sehr wenig von modernen Einflüssen geprägt. Die zumeist einzigen Zeugen des Wandels sind importierte Textilien und Werkzeuge wie Hackmesser und Axt. Ansonsten hat sich am einfachen Leben der Menschen noch nicht viel geändert. Nach wie vor ist die Süßkartoffel die Hauptnahrungsquelle. Auf steilen Hängen rund um die Dörfer wird die Süßkartoffel, die auf noch ungeklärtem Weg vor rund neuntausend Jahren aus Südamerika nach Neuguinea gelangte, angebaut. Im Feuer geröstet, deckt sie um die neunzig Prozent des Nahrungsmittelbedarfs. Gemüse ist außerhalb des Baliemtales immer noch selten zu finden. Das Schwein ist das einzige Nutztier der Dani, dessen Fleisch gelegentlich die Nahrung ergänzt.

Die Siedlungen der Dani sind von einem Zaun umgeben. Innerhalb des Zaunes befinden sich mehrere Hütten und liebevoll angelegte Blumenbeete. Männer und Frauen schlafen in getrennten Hütten. Diese kleinen, runden Unterkünfte sind von einer doppelten Wand aus Hölzern umgeben, um einen gewissen Schutz gegen die kühlen Nachttemperaturen zu erreichen, und mit Palmblättern gedeckt. In etwa einem Meter Höhe ist eine Zwischendecke eingezogen, auf der nachts über der Glut des Feuers geschlafen wird. Aber schon früh morgens, lange vor Sonnenaufgang, versammelt sich wieder alles am wärmenden Feuer.

Der schreckliche Ruf der Papua ist vor allem auf die ständigen rituellen Kriege zurückzuführen. Diese Kriege zwischen den Nachbardörfern haben allerdings nicht viel mit dem zu tun, was allgemein als Krieg bezeichnet wird. In der Regel treffen sich die Kriegsparteien zur verabredeten Zeit und beschießen sich aus größerer Entfernung mit Pfeilen. Verletzungen kommen dabei vor, Todesfälle jedoch sind selten. Viele Zuschauer verfolgen das Kampfgeschehen aus sicherer Entfernung. In den Kampfpausen reichen die

Frauen den Kämpfern Speisen zur Stärkung. Beginnt es zu regnen, wird der Kampf vertagt, da die Krieger ihre wertvolle Kriegstracht nicht dem Regen aussetzten möchten. Bei den Kampfhandlungen sind der äußere Anlaß in der Regel Streitigkeiten um Frauen und Schweine. Dahinter steht jedoch das Ziel, Geister zu beruhigen, die über Tod, menschliche Krankheit oder Schweineseuchen wachen. Im extremen Kontrast zu ihrem aggressiven Ruf steht die für jeden Besucher spürbare Herzlichkeit der Dani.

Bedroht wird die Kultur der Dani, wie auch die anderen alten Kulturen Indonesiens, vom politisch propagierten Ziel der kulturellen Einheit des Archipels. Und auch die industrielle Rohstoffausbeutung hat Neuguinea schon erreicht. Eine der größten Kupferminen der Welt arbeitet am Südhang des Puncak Jaya, und Yayapura, die Hauptstadt der Provinz, ist schon merklich westlich geprägt. Es wäre ein großer Verlust für die ganze Menschheit, wenn die kulturelle Vielfalt Indonesiens dem Fortschritt und politischen Überlegungen zum Opfer fiele.

 *Bei einsetzendem Regen kann es im Hochland von Neuguinea empfindlich kalt werden. Dann versammelt sich alles am wärmenden Feuer in der Hütte.*

Register

A

Aceh 24; 54
adat 8
Adityavarman 30
agama java 8
Airlangga 47
Ambon 132; *132/133*
Andamanen 8
Archbold, Richard 135
Australien 12; 44; 122; 124
Australoide 14f.; 68
Austronesier 14; 26; 44; 68; 134

B

Bahasa Indonesia 106
Bales 102
Bali 11; 20; *20/21*; 44; 88; 90; 100-113; *101*; *102*; *103*; *104*; *105*; *106*; *107*; *108*; *110*; *112/113*; 114; 116; 118; 136
Baliemtal 135f.; 138
Balikpapan 78
Balimbing 31
Banda 52; 128
Banjar 105
Banten 50ff.
Barong 108
Batak 8; 10; 15; 26ff.
Batavia 52
Batutumonga 91f.
Besakih 11
Bintan 32
Bogor 46; 63
Borneo 11; 14f.; 44; 66-85; *67*; *69*; *76*; *77*
Borobodur *43*; *46*; 46f.; 56; 58f.; *60/61*
Brahma 59
Brahmanen 104; 106
Brastagi 26f.
British East India Company 51
Brunei 68; 70f.; *70*
Bukit Lawang 24
Bukittinggi 31; 35

C

Cirebon 50
Coen, Jan Pieterzoon 51f.; 128
Conrad, Josef 11; 78
Cornelius, H.C. 58

D

Daendel, Willem 52
Dani *8*; *9*; *14*; *137*; *138*; 138f.; *139*; *140*; *141*
Dayak 15; 68; 70; 74; 78; *82*; *83*
Dekker, Douwes 54
Demak 50
Dieng-Plateau *54*; *63*; 63
Dili 122f.
Diponegoro 54
Dongson-Kultur 15; 70

F

Flores *13*; 116; 119f.; *122*; *123*; 126
Flores-See *18/19*; *115*; 119; *124*; *125*

G

Gamelan 58
Gajah Mada 48
Geria 104
Gilis 118
Gujarat 30; 50
Gunung Agung 11; 104
Gunung Api 11
Gunung Batur 11; *100*; *102*; 111
Gunung Bromo 44; *45*; 56
Gunung Kinabalu 71; *73*; *74*
Gunung Krakatau 12
Gunung Leuser-Nationalpark 24; *24*
Gunung Mas-Teeplantage *62*; 63
Gunung Merapi 47
Gunung Sibayak *16*; *17*; 27
Gunung Sinabung 28
Gunung Tambora 12; 119

H

Hairun 50
Halmahera 130
Harau-Canyon *40/41*
Harau 90
Harranggaol 26
Hatta 55
Hayam Wuruk 48
He-Ling 46
Helmkassowar *14*
Houtman, Cornelis de 51

I

Ilhas Papuas 135
Irian Barat 56; 135
Irian Jaya 8; 14; 56; *128*; *129*; 134; 136
Isla Oro 135
Istiqlal-Moschee *64/65*

J

Jakarta 10; 32; 56; 64; 76
Jan Pieterzoon Coen 51
Java 8; 10f.; *42*; 42-65; *54*; 68; 78; 88; 90; 118; 136
Java-Mensch 44; 68
Jayakarta 51
Johor 32
Jonggrang 59
Junghuhn, Franz Wilhelm 12; 26

K

Kalimantan 11; 72; 78; 80
Kampung Ayer 70
Karo-Batak 26; *29*
Kartanegara 48
Kastensystem 105
Kayan 74; 75; *76*; *81*
Kedu-Ebene 59
Kelimutu 120; 126; *126/127*
Kinabalu *69*; 71f.
Kinabalu-Park 71
Komodo 118ff.; *121*
Komodowaran 114; 118; 119; *119*
Kota Kinabalu 71; *71*
Koteka 136
Kublai Khan 48
Kupang 122; 124
Kuta 118

L

Lake Jempang 75
Larantuka 120
Lifao 122
Lingga 26; 27f.
Lombok 12; 44; 114; 116; *116*; *117*; 118; 119
Long Bagun 75
Long Bia 74
Lows Peak 72

Bildverweise kursiv

M

Macong 76
Mahakam 19; 67; 70; 75; *80/81; 84/85*
Majapahit 48; 55
Makassar 12; 88
Malakka 10; 30; 32; 50; 122; 128
Malang 48; *49*
Malaysia 14; 26; 68; 70
Maninjau 31
Marco Polo 26
Mataram 46f.
Matatuli 54
Medan 24; 26
Mehru 104
Mendut-Tempel 59
Merapi 31; 47
Minangkabau-Hochland 7; *22*; 30; *33; 34; 35; 36; 37*; 54
Missionare 10; 76; 78; 135
Molukken 11; 14f.; 50; 118; 128ff.
Moyo 118
Muara Muntai 75
Muskatnuß 52; 128

N

Neuguinea *10*; 14f.; 44; 71; 114; 116; 119; 134ff.; *138; 139*
Niah-Höhlen 68

O

Orang Utan *4*; 8; 15; *22*; 24; *38; 39*
Ouy, du 52

P

Palembang 30
Panislamische Bewegung 54
Papua *8; 9*; 134ff.
Pare Pare 90
Partai Nasional Indonesia 55
Pawon-Tempel 59
Pekat 119
Penyngat 32
Port Moresby 135
Prambanan-Tempel 47; *50*; 52; *53*; 59
Puncak Jaya 134
Pura Dalem 104

R

Raffels, Stamford Thomas 32; 52; 56; 58
Raja Haji 32
Raja Papuwah 135
Ramayana 30; 46f.; 50; 56
Rantepao 90; 92
Riau 32; *32*
Rift Valley 44
Rinca 119f.; *121*
rumah gadang 31

S

Sabah 70f.
Sailendras 46; 59
Samarinda 75; 78
Samosir 28; 30
Sangar 12
Sanjaya 46; 59
Sarawak 70f.
Sassak 116; 119
Satria 104
Schiva-Tempel 52
Sekhas 105
Sengiggi 118
Seram 130
seribu pulau 10
Sesean 90; 92
Singahasari 48; *49*
Singosari 48
Sjahrir 55
Solo-Menschen 44
Srivijaya 30; 47
Straße von Malakka 10; 30
Straße von Singapur 32
Subak 105
Sudra 104; 106
Suharto 136
Sukarno 55; 130
Sulawesi 11f; 15; 44; 86-99; 130
Sumatra 8; 10f.; 14f.; 22-41; 47; 50; 54; 90; 130
Sumbawa 12; 118f.
Sundainseln 11; 14; 30; 44; 46; 116; 118f.; 120; 122
Sundaplatte 44
Surabaya 55
Svarnadvipa 30

T

Tanjung Issuy 75
Tanjung Pinang 32
Tannah Lot 108; *109*
Tarakan 78; *79*
Tarumanegara 46
Tau Tau *87*; 94; *98*
Temboro 12
Tengger-Massiv 44; *45*
Ternate 50; 135
Timor 122-127
Toba-Batak 24; *25*; 26
Tobasee 8; 14; 26f.; *26; 30*
Topassen 122
Toraja 15; *86*; 88; 90ff.; *91; 92; 93; 94; 96; 97; 99*
Triwangsa 104
Tuk Tuk 30

U

Ujung Pandang 12; 88; *88; 89*

V

van de Houtman, Cornelius 51
Vasco da Gama 50
Vereinigte Ostindische Compagnie 51; 52
Vijaya 48
Vijayakama 51
Vischnu 59
Vogelkop 135

W

Wallace, Russel 68; 116; *123*
Wamena *134; 135*; 134ff.
Wayang 106
Wayang Kulit 56; *56; 57;*
Wesia 104
Wonosobo 56

Y

Yayapura 139
Yijing 30
Yogyakarta 59; 63

Bildnachweis:
Alle Fotos: Kay Maeritz
außer:
S. 70, 89, 91, 121 oben, 123 von Doris Jausly

Vignetten: Nach Illustrationen aus Batak-Büchern

Die Deutsche Bibliothek – CIP Einheitsaufnahme

Kay Maeritz:
Indonesien / Kay Maeritz.
Frankfurt am Main: Umschau Buchverlag, 1995
   ISBN 3-524-67065-2
NE: HST

© 1995 Umschau Buchverlag Breidenstein GmbH
Frankfurt am Main

Alle Rechte der Verarbeitung in deutscher Sprache, auch durch Film,
Funk, Fernsehen, photomechanische Wiedergabe, Tonträger jeder Art,
auszugsweisen Nachdruck oder Einspeicherung und Rückgewinnung in
Datenverarbeitungsanlagen aller Art, sind vorbehalten.

Lektorat: Martina Seith-Karow, Offenbach
Typographie und Buchgestaltung: Kay Maeritz, Wiesbaden;
   Doris Jausly, Wiesbaden
Herstellung: Karin Kern
Reproduktionen: Brönners Druckerei Breidenstein GmbH,
   Frankfurt am Main
Druck: Brönners Druckerei Breidenstein GmbH, Frankfurt am Main
Buchbinderische Verarbeitung: Fikentscher Großbuchbinderei,
   Darmstadt

Printed in Germany

ISBN: 3-524-67065-2

1456235

WERNER GAMERITH
WIENERWALD

Ausgeschieden
von den
Büchereien Wien

Büchereien Wien
Am Gürtel
Magistratsabteilung 13
7, Urban-Loritz-Platz 2a
A-1070 Wien

Die Drucklegung dieses Werkes wurde unterstützt vom Land Niederösterreich, der Kulturabteilung der Stadt Wien, dem Biosphärenpark Wienerwald und den Österreichischen Bundesforsten.

2019
© Verlagsanstalt Tyrolia, Innsbruck
Umschlag, Layout und digitale Gestaltung: Tyrolia-Verlag
Foto „Wanderfalke" auf Seite 99: Erhard Kraus. Alle anderen Fotos: Werner Gamerith
Karte S. 210: Biosphärenpark Wienerwald auf Grundlage einer Karte von © BEV KM250R 21. 01. 2019
Lithografie: Artilitho, Lavis (I)
Druck und Bindung: L. E. G. O., Vicenza (I)
ISBN 978-3-7022-3729-5
E-Mail: buchverlag@tyrolia.at
Internet: www.tyrolia-verlag.at

Inhalt

VORWORT
von Dr. Gertraud und Univ-Prof. Dr. Georg Grabherr 6

EINLEITUNG
Reichtum einer Landschaft 8

GESCHICHTE
Wälder und Menschen 20

WÄLDER
Wunder und Wirklichkeit 46

WIESEN UND WEIDEN
Leben im Kräuterdschungel 102

WEIN- UND ACKERLAND
Kultur braucht Vielfalt 140

GEWÄSSER
Lebensraum und Landschaftsgestalter 154

ERDGESCHICHTE
Alles fließt 172

GEOLOGISCHE KARTE 208

KARTE BIOSPHÄRENPARK WIENERWALD 210

REGISTER 212

LITERATUR 216

Vorwort

Wer möchte nicht seine Leidenschaft zum Beruf machen? Für die Natur in all ihren Facetten hat sich Werner Gamerith schon immer interessiert. Und als er sein Studium der Kulturtechnik und Wasserwirtschaft abgeschlossen hatte, hätte er – wie viele andere auch – ein Berufsleben in der Verwaltung oder einem Ingenieurbüro beginnen und seine Freizeit der Naturfotografie widmen können. Doch Leidenschaften lassen sich nicht auf den Feierabend beschränken, und so machte er die Liebe zur Natur und das Leben mit der Natur zu seinem Lebensthema. Seine künstlerische Begabung, gepaart mit Fachinteresse und Geduld, ließen ihn zu einem hervorragenden Naturfotografen werden. Doch er beließ es nicht bei der Darstellung schöner Landschaften, Pflanzen und Tiere. Von Anfang an war auch Naturschutz sein Thema. Er wollte seine Begeisterung weitergeben, mitarbeiten an der Erhaltung der Lebensräume und -gemeinschaften, die ihm am Herzen liegen. Und darum merkt man allen seinen Büchern, Vorträgen und Artikeln die tiefe Liebe zur Natur an und sein nimmermüdes Engagement für ihren Schutz.
Der Wienerwald scheint Schutz heutzutage vielleicht nicht mehr so nötig zu haben. Fast jedes Kind in Ostösterreich kennt Josef Schöffel, den Retter des Wienerwaldes vor der Abholzung durch profitgierige Geschäftsleute. Verschiedene Schutzkategorien, vom eher „weichen" Landschaftsschutz, über durch Europarecht geschütztes Natura-2000-Gebiet „Wienerwald – Thermenregion" bis zu strengen Naturschutzgebieten in den Kernzonen des Biosphärenparks Wienerwald scheinen den Wienerwald vor jeder Unbill zu bewahren. Doch die enge Verzahnung von naturnahen Bereichen und einer Millionenstadt in unmittelbarer Nachbarschaft, die gerade auch den Reiz dieser vielfältigen Kulturlandschaft ausmacht, bringt es mit sich, dass der zähe „Kleinkrieg" um die Erhaltung der Wienerwaldnatur noch keineswegs ausgestanden ist. Der Wiener „Speckgürtel" frisst sich mit Straßen, Gewerbegebieten und Siedlungen ins Umland. Ehemals kleinräumig genutzte Landwirtschaftsbetriebe werden verdrängt, Sport- und Freizeitnutzungen dringen in buntes Wiesenland vor, artenreiche Waldgebiete geraten unter den Druck wirtschaftlicher Zwänge.
Der Schutz des Wienerwaldes braucht heute wohl kaum spektakuläre Protestbewegungen, aber der Wienerwald in seinem ganzen Reiz und seiner Fülle an Lebensgemeinschaften wird nur überleben, wenn seine Bewohner, Bewirtschafter und Besucher ihn wertschätzen, ja lieben. Prachtvolle, blumenreiche Heuwiesen wie im Wienerwald sind heute aus großen Teilen Mitteleuropas, namentlich dem ach so grünen Alpenvorland, verschwunden und ersetzt worden durch die artenarmen Grünlandbestände der Silowirtschaft. Dort ist der Sommer still, nach Summen und Zirpen wird man in den intensiven Grünlandgebieten

vergeblich suchen. Im Wienerwald hat die Freizeit-Pferdehaltung als Abnehmer des Heus die frühere Viehwirtschaft abgelöst und erhält so über weite Strecken die artenreichen Wiesen. Etliche ökologisch besonders wertvolle Trockenrasen werden von Freiwilligen gepflegt. Auch naturnahe Wälder, wie sie für den Wienerwald eigentlich typisch sind, sind beileibe nicht selbstverständlich. Zwar hat sich die Erkenntnis, dass die Fichte als Brotbaum der Forstwirtschaft in Zeiten des Klimawandels keine Zukunft hat, langsam durchgesetzt – doch die amerikanischen Douglasien stehen schon als Ersatz bereit, um autochthone Eichen-Hainbuchenwälder wirtschaftlich „aufzuwerten". Um ein so großes, artenreiches und schönes Gebiet wie den Wienerwald über die Zeiten zu retten, braucht es Menschen wie DI Werner Gamerith, die mit Sachkenntnis informieren, mit Schönheit begeistern und mit Naturliebe berühren.

Möge diese Naturkunde im besten Wortsinn ihren Weg nicht nur in die Bücherregale, sondern auch in die Köpfe und Herzen möglichst vieler Leserinnen und Leser finden.

Dr. Gertraud Grabherr
Obfrau der Institution FUER der Gemeinde Königstetten – Freiwillige Umwelt-Erhaltung und Rettung –, die Trockenrasen pflegt und Umweltbildung betreibt

Univ.-Prof. i. R. Mag. Dr. Dr. h. c. Georg Grabherr
Langjähriger Leiter der MAB(Man and Biosphere)-Kommission der UNESCO, welche die Einrichtung des Biosphärenparks Wienerwald beantragte

Einleitung

Reichtum einer Landschaft

Unten: Vom Lainzer Tiergarten bis zum Kahlenberg schützen und begrenzen bewaldete Berge die große Stadt.

Seite 9 oben: Felsklippen wie am Peilstein erinnern daran, dass der Wienerwald zu den Alpen gehört.

Seite 9 unten: Die Tempelbergwarte erlaubt einen Ausblick auf den Nordrand des Wienerwaldes bei Sankt Andrä mit der Donauebene des Tullner Beckens.

Ein weiter Bogen bewaldeter Berge schützt die große Stadt vor rauen Winden und versorgt sie mit frischer Luft. Die ausgedehnten Wälder mit ihren freien Aussichtsplätzen und schattigen Bächen, saftigen Wiesen und bunten Heiden schenken den Menschen nicht nur Naturerlebnisse jeder Art. Sie gehören auch seit jeher zur Kultur und Identität von Wien und seinen Bewohnern.

Mehr als 1000 km² umfasst der Wienerwald, der seit tausend Jahren diese und die lateinische Bezeichnung „Silva Viennensis" trägt. Als eines der größten Laubwaldgebiete Mitteleuropas erheben sich die Berge im Westen von Wien und setzen sich weit nach Niederösterreich fort. Mit dem knapp 900 m hohen Schöpfl ist die Region als Mittelgebirge der nordöstlichste Teil des Alpenbogens, der bei Klosterneuburg die Donau berührt und an der Thermenlinie seinen landschaftlich beeindruckenden Ostrand erreicht. Östlich dieses Bruches ist das Gebirge bis zu 4000 m in die Tiefe gesunken und von den Sedimenten des Wiener Beckens bedeckt.

Im Süden markiert die Talfurche der Triesting und Gölsen die Grenze zur Voralpenregion. Im Westen scheiden der Laabenbach und die

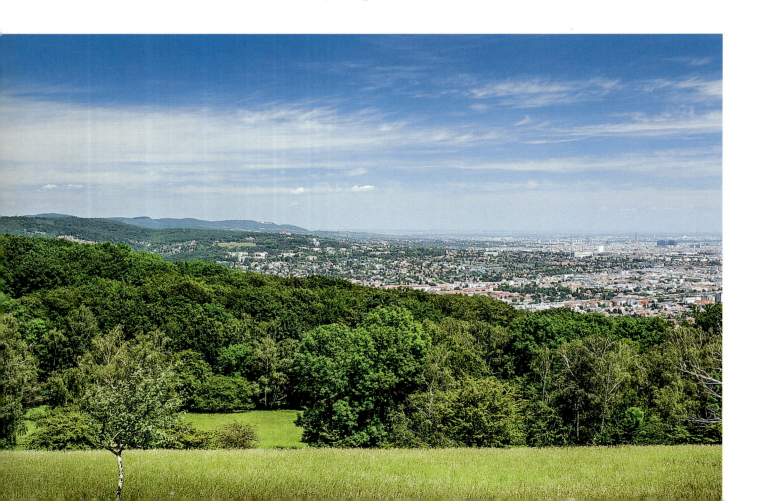

Große Tulln den Wienerwald vom Mostviertel. Manche verlegen diese Grenze nach Westen bis zur Traisen und bezeichnen diese Region als Wiesenwienerwald. Der Nordrand des Wienerwalds grenzt an das Tullner Becken. Hier gibt es kein Alpenvorland, der Alpenkörper erhebt sich unmittelbar aus der Donauebene.

Wie in jeder Landschaft, spielt der geologische Untergrund eine herausragende Rolle bei der Entstehung von Geländeformen oder Pflanzengemeinschaften, bei Wasserhaushalt und Bodenkultur. Deshalb werden seit langer Zeit zwei ungleich große Zonen unterschieden: der Flysch-Wienerwald (früher Sandstein-Wienerwald genannt) und der Karbonat-Wienerwald (auch Kalk-Wienerwald genannt). Südöstlich einer Deckengrenze, die ungefähr von Mauer im Wiener Stadtgebiet nach Thenneberg an der Triesting verläuft, befinden wir uns im östlichsten Bereich der Nördlichen Kalkalpen. Der weitaus größere Teil des Wienerwalds bedeckt die hier besonders breit entwickelte Flyschzone mit jüngeren, zu Sand- und Tonstein verfestigten Tiefseeablagerungen, sowie ganz im Nordwesten, um den Buchberg bei Neulengbach, Schotter und Sande aus dem Tertiärmeer, die bei letzten Kompressionsschüben der Alpen noch mitgefaltet wurden.

Der Kamm des Wienerwalds, der die zum Tullner Feld strebenden Flüsse von jenen scheidet, die in das Wiener Becken fließen, liegt von der Mitte der Region weit nach Nordwesten verschoben. Die mit Aussichtswarten ausgestatteten Gipfel, von der Tempelbergwarte über den Tulbinger Kogel und Troppberg bis zum Schöpfl, markieren

diese Wasserscheide, ebenso Pässe, etwa bei Maria Gugging, Rieder-berg, Rekawinkel, Hochstraß sowie der Forsthof und die Klammhöhe. Als Folge dieses asymmetrischen Reliefs gibt es außer dem kleinen Hagenbach mit seiner Klamm nur die Kleine und Große Tulln, die nach Norden entwässern.

Dagegen finden wir umso weitläufigere Talsysteme, die nach Osten geöffnet sind: Weidlingbach, Wienfluss, Liesing, Mödling, Schwechat

Oben: Der Hagenbach mit seiner Klamm ist außer der Großen und Kleinen Tulln der einzige nach Norden fließende Wienerwaldbach.

Unten: Die sanften Formen des Troppbergs und Irenentals sind typisch für den Flysch-Wienerwald.

und Triesting führen dementsprechend auch mehr Wasser, obwohl die Niederschläge nach Osten zu deutlich geringer werden. Durch die Stauwirkung des immer noch mehrere hundert Meter aus dem Vorland aufragenden Gebirgsrückens ist das Klima im Nordwesten mit durchschnittlich 700 bis 1000 mm Jahresniederschlag noch ozeanisch getönt. Auf der Leeseite ist es durch den Föhneffekt deutlich wärmer und trockener.

Oben: Die Schwechat ist wie viele Bäche der Region natürlich und gestaltet ihr Bett gemeinsam mit ihrem Geröll und Ufergehölz.

Unten: Am Schöpfl kann man den Einfluss von Gebirgskämmen auf Wetter und Wolkenbildung beobachten.

Dieses schon kontinental geprägte pannonische Klima drückt sich unübersehbar in der Pflanzen- und Tierwelt ebenso aus wie in der Landnutzung. An der Thermenlinie, wo der Wienerwald an die Ebene des Wiener Beckens grenzt, ist der Weinbau allen Kennern edler Tropfen ein Begriff. Für Freunde besonderer Pflanzen und seltener Kleintiere sind es die Trockenrasen, ehemalige Hutweiden wie die Perchtoldsdorfer Heide oder der Eichkogel. Deren Artenreichtum und landschaftlicher Reiz begeistern seit Generationen naturliebende Menschen und motivieren viele, sich für ihre Erhaltung einzusetzen. Auch im Nordwesten Wiens sowie am Nordfuß des Wienerwalds gibt es außer bekannten Weinbaugebieten so manche Magerwiesen mit botanischen und zoologischen Kostbarkeiten zu entdecken.

Der nordöstliche Teil des Wienerwalds beherbergt so manche alte, totholzreiche Eichenwälder. Im Lainzer Tiergarten oder im Naturpark Eichenhain beeindrucken knorrige Exemplare von Trauben-, Stiel- und Zerr-Eichen nicht nur durch ihre Charaktergestalten und Dimensionen. Sie sind auch Brennpunkte der Artenvielfalt. Die Flaum-Eiche ist wesentlich kleiner und bildet an besonders trockenwarmen Stellen lichte Wälder, die mit ihren zahlreichen Blumen und Tieren östlicher Waldsteppen höchst schützenswert sind.

Seite 12 oben: Vom Eichkogel aus sieht man vom Anninger bis zur Hohen Wand die sogenannte Thermenlinie, an der die einst mit den Karpaten verbundenen Alpen in die Tiefe gesunken sind.

Seite 12 unten: Trockenrasen und Federgrassteppen wie die Perchtoldsdorfer Heide zählen zu den größten Naturschätzen des Wienerwaldes.

Oben: Naturnahe Wälder mit ausreichendem Totholzanteil sind für die Artenvielfalt ebenso unentbehrlich wie für den Erlebnisreichtum. Eichen im Lainzer Tiergarten

Seite 14: Lichte Schwarz-Föhrenwälder sind mit ihrer reichhaltigen Strauch- und Krautschicht eine Besonderheit der Thermenregion.

Oben: Ihre ausladenden Schirmkronen entwickeln sich am charaktervollsten auf Kalk- und Dolomitfelsen, etwa in der Mödlinger Klause.

Links: Auch die Felshänge am Ausgang des Helenentals mit der Ruine Rauhenstein bei Baden sind ein natürlicher Standort der Schwarz-Föhre.

Eine Besonderheit des Alpenostrandes zwischen Wien und dem Schneeberggebiet sind die Schwarzföhrenwälder. Die am Mittelmeer beheimatete Schwarz-Föhre hat hier an einem nördlichen Vorposten die letzte Eiszeit überdauert. Auf verkarsteten Böden wächst sie zu imposanten Schirmföhren heran, die mit ihren breiten Kronen einen fremdartigen Reiz ausüben. Die Felslandschaften am Peilstein, am Aus-

Oben: Die Buche ist der mit Abstand verbreitetste Baum im Wienerwald und dominiert verschiedene Waldgesellschaften.

Rechts: Auf guten Böden ist der Waldmeister ein charakteristischer Buchenbegleiter.

gang des Helenentals oder in der Mödlinger Klause haben durch diese Baumgestalten einen in Mitteleuropa einzigartigen Charakter.
Der größte Teil der Wälder wird in unserem Gebiet von der Rotbuche beherrscht. Diese Art, die in Boden und Luft deutlich mehr Feuchtigkeit benötigt als Eichen oder Föhren, kann als europäischer Charakterbaum bezeichnet werden, denn sie kommt natürlicherweise nur in

Oben: Vom Schöpfl bis zum Anninger bedecken Buchenwälder die weit ausschwingenden Berge.

Links: In Buchenwäldern wird der Wechsel der Jahreszeiten besonders sinnfällig.

unserem Erdteil vor. Oft bildet sie nahezu Reinbestände, die dennoch je nach Untergrund unterschiedliche Gesellschaften mit charakteristischen Waldblumen bilden – vom Hainsimsen-Buchenwald auf sauren Böden über den Orchideen-Buchenwald auf kalkreichem Gestein bis zum Braunerde- oder Waldmeister-Buchenwald mit besonders vielen Frühlingsblumen.

Streusiedlung bei Altlengbach. Gehölze strukturieren offenes Grünland und sind ein wesentlicher Teil einer funktionsfähigen Kulturlandschaft. Die Ermutigung von Wirtschaftsweisen, welche die Artenvielfalt fördern, ist eine zentrale Herausforderung unserer Gesellschaft.

Mehr als ein Drittel der Fläche des Wienerwalds ist allerdings waldfrei. Neben Siedlungen und Verkehrswegen beansprucht die Landwirtschaft bedeutende Gebiete. Während im Nordwesten Ackerbau vorherrscht, unterbricht im übrigen Wienerwald vor allem Grünland die Waldbedeckung. Auch bei Wiesen gibt es je nach Boden und Feuchtigkeit die unterschiedlichsten Gesellschaften von Gräsern und Kräutern. Das offene, von Kleingehölzen und Solitärbäumen strukturierte Land zwischen schützenden Wäldern ist wesentlich für den freundlichen Charakter einer Kulturlandschaft. Wiesen und Weiden erfreuen uns nicht nur wegen der freien Aussicht, sondern auch durch ihren Reichtum an Blumen, Schmetterlingen und anderen Kleintieren, sofern sie nicht unter Überdüngung leiden. Wiesen sind ein unentbehrlicher Teil dieser Region – für ihre Schönheit und Besonderheit ebenso wie für ihre herausragende Erlebnis- und Artenvielfalt.

Der einmalige naturräumliche Reichtum des Wienerwaldes beruht einerseits auf dem bewegten Relief des jungen Gebirges und seinen sehr unterschiedlichen geologischen und klimatischen Verhältnissen. Zu diesen von der Natur geschaffenen Voraussetzungen kommt der von Menschen bedingte Glücksfall einer Bodenkultur, die auch für natürliche Prozesse und Reste von Wildnis einigen Spielraum lässt.

Oben: Hecken und Ufergehölze wie an diesem Bach bei Alland sind einfache und wirkungsvolle Gestaltungselemente einer lebendigen Kulturlandschaft.

Links: Haus- und Obstbäume hinter einem Hof bei Nöstach tragen wesentlich zur Schönheit und Lebensqualität bei.

Dieses Buch möchte einen Überblick über diese reizvolle Landschaft vermitteln und sie gleichzeitig als empfindliches, schutz- und pflegebedürftiges Lebewesen vorstellen. Zwischen den Rahmenkapiteln über die geschichtliche und geologische Entstehung des Wienerwaldes erfährt der Leser in Wort und Bild einiges über Zusammenhänge und Geheimnisse des Lebens, wie sie dem aufmerksamen Beobachter in Wald und Wiese, Acker- und Weinland stets neu begegnen.

GESCHICHTE
Wälder und Menschen

Seiten 20–21: So wie die Burg Mödling sind auch wir aus der Landschaft in einer wechselvollen Geschichte gewachsen.

Urgeschichte – Zuflucht in Höhlen und auf Höhen

Mit seinen Bergen am Rand der klimatisch begünstigten Ebene bot der Alpenostrand bereits den vorgeschichtlichen Menschen Nahrung und Schutz. Die Spuren menschlicher Besiedlung reichen daher viele Jahrtausende zurück. Bei Perchtoldsdorf wurden die 7600 Jahre alten Überreste der ältesten bäuerlichen Siedlung Mitteleuropas gefunden, bereits damals wurden hier Ackerbau und Viehzucht betrieben. Vom Tempel- und Leopoldsberg über den Frauenstein bei Mödling bis zum Ausgang des Helenentals zeugen zahlreiche Wallanlagen und ergrabene Fundstücke von befestigten Höhensiedlungen der Stein-, Bronze- und Eisenzeit. Archäologen bezeichnen eine jungsteinzeitliche Epoche im östlichen Mitteleuropa als Badener Kultur auf Grund von prachtvoll verzierter Keramik aus der Königshöhle bei Baden. Nordwestlich von Mödling entdeckte Funde begründeten die Bezeichnung „Kalenderberg-Kultur" als Stufe der eisenzeitlichen Hallstattkultur im ersten vorchristlichen Jahrtausend.

Frühgeschichte – Mediterrane Zivilisation

In den ersten vier nachchristlichen Jahrhunderten war die Donau die als Limes bezeichnete Nordgrenze des Römischen Reichs. Viele Städte an ihrem südlichen Ufer, auch Tulln und Wien, entstanden

Seite 22 oben: Höhlen sind bis heute geheimnisvoll und verlockend.

Seite 22 unten: Vom Harzberg aus überblickt man den auch urgeschichtlich interessanten Alpenostrand bis zum Eichkogel.

Oben: Kalenderberg und Frauenstein bei der Mödlinger Klause waren hallstattzeitliche Siedlungsplätze und zählen zu den bedeutendsten Fundorten dieser Kultur.

Unten: In der Steinzeit boten Höhlen wie die Königshöhle wichtige Voraussetzungen für das Überleben früher Menschen.

damals als Militärlager und Handelszentren. Wichtige technische und kulturelle Neuerungen kamen durch die Römer in unser Land, von der Schrift bis zum Straßenbau, von Kalkmörtel bis zu gebrannten Lehmziegeln. Am bekanntesten sind wohl die Fußbodenheizungen sowie die Erschließung von Heil- und Thermalquellen. Schließlich brachten römische Handwerker, Kaufleute und Soldaten die christliche Religion in unser Gebiet. Die Siedlungen verlagerten sich zunehmend in Tallagen und an Verkehrswege. Der Kamm des Wienerwalds, der damals Mons Cetius hieß, bildete die Grenze zwischen den Provinzen Noricum und Pannonia.

Mittelalter – Dunkle Zeiten und kulturelle Glanzlichter

Mit der durch die einfallenden Reiterscharen der Hunnen ausgelösten Völkerwanderung endete das Römische Reich. Das vom 4. bis zum 10. Jahrhundert währende Frühmittelalter brachte unruhige und kriegerische Zeiten. Erst gegen Ende des ersten Jahrtausends entstand mit dem Vordringen der Bayern und Franken unter Führung der Babenberger wieder eine geordnete Verwaltung und Wehrfähigkeit. Die ansässigen Slawen und Awaren wurden unterworfen, das berittene Nomadenvolk der Magyaren wurde erst bis zum Wienerwald, schließlich bis zur Leitha zurückgedrängt. Aus dieser Periode stammen viele Urkunden mit der ersten Erwähnung von Ortsnamen, von Österreich und im Jahr 1002 auch vom Wienerwald. Niederösterreich wurde zur Keimzelle unseres Landes, und der Regierungssitz der Babenberger wanderte von Melk über Gars am Kamp und Klosterneuburg schließlich nach Wien.

An das Hochmittelalter erinnern in der Landschaft viele Reste von Burgen. Ihre beherrschende Lage auf schwer zugänglichen Bergschultern und Gipfeln lässt uns bis heute nicht nur raue Ritterzeiten nachempfinden, sondern auch ihre Schutz- und Verteidigungswirkung. Freilich verloren sie diese Funktion schlagartig mit der Erfindung von Schießpulver und Kanonen an der Wende zur Neuzeit.

Seite 24 oben: Die Felsen am Ausgang des Helenentals und an anderen Taleinschnitten im Karbonat-Wienerwald waren für den Bau mittelalterlicher Burgen ideal.

Seite 24 unten: Efeu erklimmt die eingestürzten Räume von Rauhenstein.

Oben: Dolomitnadeln machen Rauhenstein von der Talseite her unzugänglich.

Mitte: Im Vorhof von Rauheneck wachsen jetzt Bäume.

Unten: Die Mauern der beim Türkenansturm 1683 zerstörten Burg Merkenstein werden von Schwarz-Föhren besiedelt.

Der Eingang zur Burg Merkenstein erinnert uns an Mühsal und Handwerkskunst ihrer Erbauer, an Not und Tod ihrer letzten Bewohner – und dass alles vergeht, aber im Verfall noch schön sein kann.

Die meisten Burgen wurden durch Kriegshandlungen zerstört, manche gleich mehrmals. So wurden Rauhenstein und Rauheneck bei Baden wiederholt gebrandschatzt und wieder aufgebaut. Rauheneck so wie auch die Burg Mödling fielen 1529 der ersten Türkenbelagerung zum Opfer. Mödling wurde nochmals repariert, brannte aber 1556 durch einen Blitzschlag endgültig ab. Rauhenstein verfiel hingegen erst im 18. Jahrhundert. Die tiefer im Wienerwald gelegenen Burgen Merkenstein und Arnstein brachen erst 1683 unter dem zweiten Ansturm osmanischer Truppen. All diese mittelalterlichen Ruinen sind berührende Dokumente hoch entwickelter Handwerkskunst und unendlicher Mühsal ihrer Erbauer, aber auch der Vergänglichkeit menschlichen Strebens. Und sie sind schöne Akzente in der Landschaft. Aus bodenständigem Material mit Gefühl für Proportionen erbaut, wirken sie wie aus dem Berg gewachsen, zumal Mörtelfugen von Farnen begrünt, Gemäuer von Efeu überwachsen, Burghöfe von Bäumen besiedelt sind.

Als wesentlich dauerhafter erwiesen sich die Klöster im Wienerwald, deren Gründung im 12. Jahrhundert dem Babenberger Leopold III., dem Heiligen und späteren Landespatron von Niederösterreich und Wien, zu verdanken ist. Die Einrichtung solcher geistlich-kultureller Zentren und ihre Ausstattung mit Grundbesitz war nach den damaligen Vorstellungen eine Investition ins jenseitige Leben, diente gleichzeitig aber auch der Etablierung weltlicher Macht. Schließlich zählte zu den Aufgaben der Klöster die Bildung, die Verbreitung und Festigung des christlichen

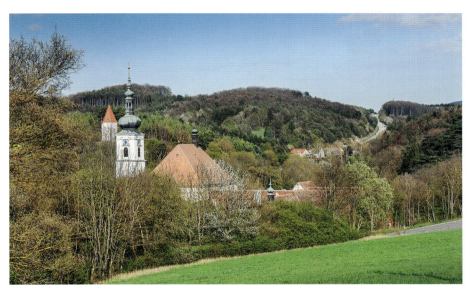

Oben: Klosterneuburg, in einer Weitung des Donaudurchbruchs der Wiener Pforte gelegen, war kurze Zeit Regierungssitz der Babenberger und Hauptstadt des noch jungen und kleinen Österreichs.

Links: Heiligenkreuz wurde – so wie die Stifte Klosterneuburg und Klein-Mariazell – vom Babenberger Leopold III. gegründet. Es liegt im Tal des Sattelbachs.

Glaubens sowie die Erschließung der damals noch weitgehend wilden Wälder. Das Benediktinerkloster Klein-Mariazell wurde allerdings Ende des 18. Jahrhunderts aufgelöst und erst in jüngster Zeit wieder belebt. Das Augustiner-Chorherrenstift Klosterneuburg und das Zisterzienserstift Heiligenkreuz sind aber bis heute weit über ihren Wert als touristisch attraktive Baudenkmale und Kunstschätze hinaus Orte, die stets von Neuem mit spirituellem und musikalischem Leben erfüllt werden.

Neuzeit – Der Wald zwischen Romantik, Raubbau und Rettung

Wie in jeder Landschaft ist auch im Wienerwald das Pflanzenkleid von seiner sich zeitlich und räumlich ändernden Nutzung geprägt. Im Mittelalter fand durch die Anlage von Dörfern, Wiesen und Feldern eine Kolonisierung des Urwaldes statt. In einigen Bereichen jedoch untersagten die Herrschenden jede Rodung und Besiedlung, wodurch viele Wälder naturnah blieben. Der Grund dafür war, dass diese Gebiete der Jagd vorbehalten waren, die bis weit in die Neuzeit hinein ein Privileg des Adels war. Auch führten Pestepidemien sowie die beiden Türkenbelagerungen wiederholt zur Entvölkerung im Wiener Raum und weit darüber hinaus.

Ab dem 16. Jahrhundert gewann die Holznutzung gegenüber der Jagd zunehmend an Bedeutung. Aus dem Alpenraum, Bayern und Schwaben wurden im Wienerwald Holzfäller und Köhler angesiedelt. Darstellungen von Burgen und Siedlungen aus dieser Zeit zeigen in deren Umgebung erschreckend entwaldete Landschaften. Flächige Schlägerungen waren und sind teilweise bis heute verbreitet. Diese Wirtschaftsweise zeitigt jene gleichaltrigen Hallenbestände, die wir von sehr vielen Forsten gewohnt sind, die viele Menschen als Idealbild eines Walds verinnerlicht haben, mit dem Charakter eines natürlichen Waldes aber wenig gemein haben.

Gleichaltrige Buchenwälder sind im Wienerwald verbreitet und eine Folge der flächigen Holzernte.

Die Art der Nutzung und des Nutzens verändert aber auch die Anteile der Baumarten. So sind die Eichen einerseits vom Menschen wohl gefördert worden, weil ihre schweren Früchte ein begehrtes Futter für die Schweine waren, die im Wald weideten. Als sehr lichtbedürftige Pflanzen unterliegen junge Eichen ohne die Pflege durch Förster leicht der Konkurrenz durch Buchen und andere schattenverträgliche Arten. Andererseits wurden jedoch in den häufigen Kriegszeiten für den eiligen Bau von Schanzen alle verfügbaren Eichenstämme, deren Härte

Links: Nur an trockenwarmen Standorten können sich Eichen gegen die Buche durchsetzen.

Unten: Der Blick vom Schöpfl ins Laabental zeigt die vor Jahrhunderten dem Wald abgerungenen Rodungsinseln.

Die Riesenbachklause diente der Erzeugung hoher Wasserstände zum Schwemmen geernteten Holzes. Heute hält sie Hochwässer zurück.

Seite 31 oben: Einförmige Fichten- und Lärchenpflanzungen wirken auch optisch unharmonisch und fremd. Zum Glück sind sie im Wienerwald seltener als in manchen anderen Regionen.

Seite 31 unten: Spuren der Harzgewinnung sind auch heute noch an älteren Schwarz-Föhren im südöstlichen Wienerwald zu finden.

und Beständigkeit andere Hölzer weit übertrifft, der Umgebung entnommen. Der plötzliche Wegfall von Samenbäumen könnte der Grund für das Fehlen von Eichen in manchen Bereichen des Wienerwalds sein, die durchaus für diese wärmebedürftigen Bäume geeignet wären.

Da bis in die Barockzeit Holz der einzige Brennstoff und einer der wichtigsten Baustoffe darstellte, wuchs der Bedarf danach mit der Bevölkerung Wiens, das inzwischen die Hauptstadt der riesigen österreichisch-ungarischen Monarchie war, immer stärker an. Für den Holztransport durch Schwemmen wurden an Wienerwaldbächen Triftklausen gebaut, mit Hilfe von Dämmen aufgestaute Teiche. Durch Öffnen der Schleusen konnte man die für das Triften nötige Hochwasserwelle erzeugen. An Ziel- und Lagerplätzen ermöglichten Fanggitter die Bergung des geschwemmten Holzes. Heute erinnern Ortsnamen wie Klausen-Leopoldsdorf oder Schöpflgitter an diese für die Versorgung Wiens wichtigen Einrichtungen. Die Dämme der Schöpfl- und der Riesenbachklause werden sogar instand gehalten, wenn auch mit leeren Speicherräumen, und sind imponierende Zeugnisse einer zwar arbeitsaufwendigen, aber von Fremdenergie unabhängigen Bringungsmethode.

Bis zu 100.000 m³ Holz sollen in manchen Jahren des 18. Jahrhunderts auf dem Wasserweg nach Wien transportiert worden sein. Noch größere Mengen betrafen vermutlich das Buchenholz, welches wegen seines Gewichts zum Schwemmen wenig geeignet ist. Von

Köhlern wurde es in Meilern zur leichter transportierbaren Holzkohle verarbeitet. Der massive Raubbau, vor allem im Bereich der Siedlungen und Wasserwege, war schließlich unübersehbar und führte 1766 zum Erlass einer Waldordnung durch Kaiserin Maria Theresia. Man erkannte allmählich die Notwendigkeit, die Nutzung des Waldes mit seiner Erhaltung in Einklang zu bringen. Damals entstand der Gedanke der Nachhaltigkeit, dass man auf Dauer nicht mehr Holz ernten darf, als nachwächst. Gleichzeitig führte die Fixierung auf den Holzertrag zur Begründung von künstlichen Monokulturen an Stelle der Naturverjüngung mit standortgemäßen Baumarten. Bis in unsere Tage verdrängt diese Praxis lebendige Vielfalt und macht aus Wäldern einförmige Forste.

Entlang der besonders stark entwaldeten Thermenlinie wurde bevorzugt die Schwarz-Föhre gepflanzt, die von Natur aus nur trockene Dolomit- und Kalkfelshänge dieser Gegend besiedelt. Der Harzreichtum dieser anspruchslosen Art machte sie besonders interessant. Ihr dunkles Kernholz ist witterungsbeständig, daraus gefertigte Böden knarren nicht. Das Harz war der begehrte Rohstoff zur Erzeugung von Terpentin und Kolophonium und wurde durch Anzapfen älterer Schwarz-Föhren gewonnen. Ein eigener Berufsstand der Pecher existierte bis in die Mitte des 20. Jahrhunderts. Noch heute findet man an vielen Stämmen die Spuren ihrer Arbeit: Von der Rinde entblößte Stammpartien mit fischgrätenartig angeordneten Rillen, über die das zähe Harz zu einem angehängten Ton- oder Glastopf floss.

Oben: Der Schwarze Turm bei Mödling ist eine der zahlreichen Staffagebauten aus dem 19. Jahrhundert.

Rechts: Auch der Dianatempel im Naturpark Sparbach ist eine künstliche Ruine. Zur Veranschaulichung der griechischen Sage von der Göttin Diana und dem Jäger Actaeon wurde diese barocke Darstellung eingefügt.

Als am Beginn des 19. Jahrhunderts Fürst Liechtenstein den bei den Türkeneinfällen zerstörten Stammsitz seiner Familie mit einem großen Grundbesitz zurückkaufte, wurde auch dieser unter unsäglichen Mühen mit zahllosen Schwarz-Föhren aufgeforstet, die noch heute die Landschaft prägen. Die Begeisterung adeliger Herrschaften für mittelalterliche Ritterromantik gipfelte im Bau etlicher künstlicher Ruinen. Um 1810 entstanden so die Gemäuer des Dianatempels und der Köhlerhausruine im Sparbacher Tiergarten, des Schwarzen

Oben: Auf den Resten der bei den Türkenbelagerungen zerstörten Burg wurde Liechtenstein im Stil des Historismus neu erbaut.

Links: Das „Amphitheater" unweit der Burg Liechtenstein ist mit seinen gewaltigen Säulen der Ruine des Römischen Kolosseums nachempfunden.

Turms, der Augergläser und des Pfefferbüchsels bei Mödling und als größte Anlage das sogenannte Amphitheater, welches der Ruine des Römischen Kolosseums nachempfunden ist. Auch wenn diese Staffagebauten nie einem ernsten Zweck gedient haben, sind sie als verspielte und belebende Elemente der Landschaft auch heute reizvoll. Die Ruine der mittelalterlichen Burg Liechtenstein wurde im Stil der Neoromanik unter Wahrung originaler Reste zur imposanten, deutlich größeren Burg ausgebaut.

Die am nördlichsten Punkt des Wienerwalds an der Donau gelegene Burg Greifenstein durchlebte seit dem Mittelalter eine wechselvolle Geschichte zwischen Zerstörung, Verfall und Wiederaufbau. Zuletzt wurde sie als Restaurant mit Schauräumen betrieben, bis 2006 ein Großbrand auch diese Verwendung beendete. Inzwischen wird sie von einem neuen Besitzer restauriert.

Seite 34: Die Köhlerhausruine war nie ein Haus, sondern wurde im seinerzeitigen Sparbacher Tiergarten als romantischer Aussichtsplatz erbaut.

Oben: Von der Burg Greifenstein überblickt man das Tullner Becken und die durch den Kraftwerksbau nach Norden verlegte Donau.

Links: Die kalkliebende Mauerraute, ein Streifenfarngewächs, wächst außer in Felsspalten auch gerne in den Fugen verwitterter Mauern.

Die Aussicht vom Gutental über den Einschnitt des Helenentals zum Anninger zeigt die Anmut des Wienerwaldes, die im 19. Jahrhundert entdeckt und für Städter zugänglich wurde.

Die beginnende Industrialisierung bescherte auch dem Wienerwald immer bessere Straßen und bald auch Eisenbahnlinien. Mit Kutsche, Süd-, West-, Kaltenleutgebner oder Leobersdorfer Bahn wurden nicht nur Ausflüge ins Freie, sondern auch das Bauen und Wohnen im Grünen möglich und attraktiv. Die Epochen der Romantik und des Biedermeier waren mit einer erhöhten Wertschätzung der Natur, der Entdeckung und Beschreibung ihrer Schönheiten verbunden. Geistesgeschichtlich wird dies oft mit einem Rückzug des Bürgertums vor der herrschenden Repression in die innere Emigration erklärt. Es kann aber auch sein, dass der mit dem technischen Fortschritt einsetzende Verlust von Natur und Ursprünglichkeit erstmals bewusst und in allen Kunstgattungen thematisiert wurde.

Noch gab es, trotz Kargheit und Leibeigenschaft, das einfache, von froher Dankbarkeit erfüllte Landleben, das Ludwig van Beethoven im Wienerwald zu seiner unvergleichlichen Sinfonie „Pastorale" inspirierte. Noch gab es Mühlräder an Bächen, frühlingshaft erblühte oder winterlich einsame Landschaften, deren melancholische Schönheit uns in Franz Schuberts Liederzyklen und Kammermusikwerken ebenso berührt wie in Gedichten von Nikolaus Lenau, der in Weidling begraben ist. Adalbert Stifter hat in seinem Erzählband „Feldblumen" der Landschaft des Wienerwalds ein literarisches Denkmal voll farbiger Poesie gesetzt.

Mehr oder weniger bewusst könnten bereits in dieser Zeit viele sensible Menschen gespürt haben, dass manches von dem, was sie ge-

prägt und begeistert hat, bedroht ist. Denn bei der Anwendung technischer Errungenschaften ist die Geldgier meistens schneller und lauter als Besonnenheit und Verantwortung. Immerhin regte sich um das Jahr 1870 schon ein frühes Umweltbewusstsein, als die Regierung zur Sanierung der Staatskasse den Staatsbesitz im Wienerwald verkaufen und zum Kahlschlag freigeben wollte. Josef Schöffel fand heraus, dass bei diesem Geschäft vor allem Holzhändler und einige Beamte reich wurden. Als wortgewaltiger Journalist konnte er in der Bevölkerung einen Proteststurm entfachen, dem sich der Wiener Gemeinderat anschloss, sodass dieses Vorhaben abgeblasen werden musste. Das Staatsforstwesen wurde vom Finanzministerium dem Ackerbauministerium zugeteilt, Schöffel wurde Reichsratsabgeordneter und Bürgermeister von Mödling. Bis heute wird er als Retter des Wienerwalds verehrt und gewürdigt. Ist er doch ein Vorbild und Beispiel dafür, dass ziviler Widerstand im Interesse des Gemeinwohls eine bürgerliche Pflicht ist.

Die starke Siedlungstätigkeit der Gründerzeit ließ die Idee entstehen, einen Wald- und Wiesengürtel als grüne Lunge Wiens vor Verbauungen zu schützen. 1905 wurde er vom Gemeinderat beschlossen, aber „wilde" Siedlungen in der Notzeit nach dem Ersten Weltkrieg wie die „Friedensstadt" und zahlreiche Kleingärten bei Hütteldorf verkleinerten dieses der Erholung und Luftqualität dienende Gebiet. Später wurde der Grüngürtel erweitert und ausgestaltet, zum Beispiel durch Waldflächen am Laaer- und Bisamberg und der Donauinsel. Allerdings wird der

Die prächtigen Wälder um seine Heimatstadt inspirieren den Mödlinger Josef Schöffel, den vielfachen Wert und Nutzen des Wienerwaldes für die Allgemeinheit zu thematisieren und ihn vor Spekulanten zu schützen.

Die Festlegung eines Grüngürtels mit weitgehendem Bauverbot am westlichen Wiener Stadtrand war Anfang des 20. Jahrhunderts eine raumordnerische Pioniertat.

Schutz der Natur angesichts des starken Wachstums von Einwohnerzahl, Gewerbe- und Verkehrseinrichtungen leider von vielen eher als Hindernis denn als Notwendigkeit gesehen.

Das wachsende Umwelt- und Demokratiebewusstsein der Bevölkerung konnte aber die größten der ökologisch wertvollen Zonen vor den Toren Wiens für die Zukunft sichern. Im Südosten reicht der Nationalpark Donauauen bis ins Stadtgebiet. Statt eines von Dämmen eingefassten Rückstaus des seinerzeit bereits bewilligten, aber trotzdem abgewehrten Vorhabens eines Donaukraftwerks Hainburg existiert hier Mitteleuropas bedeutendste Stromau als sich dynamisch verändernde Landschaft voller Leben. Ein heftiger Bürgerprotest stoppte 1984 die bereits begonnene Rodung der Baustelle und erzwang die Erhaltung dieses unwiederbringlichen Lebensraums.

Stromaufwärts, bei der Wiener Pforte, berühren sich die Donauauen und der Wienerwald. Dass in dieser vor dem Bau des Kraftwerks Greifenstein nahezu paradiesischen Landschaft eine überragende Forscherpersönlichkeit heranwuchs, ist wohl kein Zufall. Konrad Lorenz gewann in Altenberg seine ersten Einsichten in das Sozialverhalten von Dohlen und Graugänsen, die zur Begründung der Vergleichenden Verhaltensforschung führten, einem neuen Zugang zum besseren Verständnis von Tieren und Menschen. Als Nobelpreisträger warnte er unermüdlich vor der Ausbeutung der Natur und vor falschen Experten. Bei den Auseinandersetzungen um die Atomkraft und die Donau östlich

von Wien war er eine entscheidende Leitfigur der Umweltbewegung. Ebenfalls im ausgehenden 20. Jahrhundert wurde immer lauter und konkreter überlegt, wie man auch den Wienerwald schützen könnte. Seine zunehmende Erschließung und der steigende Wohlstand bewirken immer intensivere, teilweise miteinander konkurrierende Nutzungen, von der Land- und Forstwirtschaft bis zu Siedlungserweiterungen und Freizeitsport. Gleichzeitig steigt das öffentliche Bewusstsein für die Bedeutung der Biodiversität und naturnaher, nicht übernutzter Landschaften. Nationale und internationale Standards verpflichten auch die Verwaltung zu einem ambitionierteren Schutz von gefährdeten Arten und Lebensräumen.

Im Besitz des Fürsten Liechtenstein bei Sparbach entstand bereits 1962 der erste Naturpark Österreichs. Inzwischen gibt es in unserem Land 47, vier allein im Wienerwald. Neben Sparbach sind dies die Naturparke Eichenhain, Föhrenberge und Sandstein-Wienerwald bei Purkersdorf. Naturparke sind geschützte Gebiete, die sich besonders für die Erholung und die Vermittlung von Wissen über die Natur eignen. Die Begegnung mit der Natur, die Schönheit der naturnahen Landschaft im Ganzen und in ihren unerschöpflichen Details sollen Besucher zu einem achtsamen Verhalten motivieren, einen sanften Tourismus fördern und die regionale Wirtschaft beleben. Diese Ziele ähneln schon jenen eines Biosphärenparks, nur ist der Maßstab wesentlich kleiner.

Der Naturpark Sandstein-Wienerwald grenzt unmittelbar an Siedlungen von Purkersdorf. Die Angebote der Naturparke sollen gleichermaßen der Erholung wie der Förderung von Naturverständnis dienen.

Biosphärenpark

Bereits 1987 bekannten sich beinahe alle Wienerwaldgemeinden und die westlichen Wiener Bezirke in einer Deklaration zur Sicherung des Wienerwalds als Natur- und Erholungsraum. Sieben Jahre später wurden diese Ziele in der „Wienerwaldkonferenz" bekräftigt. In den ersten Jahren des neuen Jahrtausends wurde überlegt, ob ein Nationalpark oder ein Biosphärenreservat die geeignetere Schutzkategorie wäre. Auf Grund der vielfältigen Nutzungsansprüche auf einer sehr großen Fläche entschied man sich für ein Biosphärenreservat, das in Österreich als Biosphärenpark bezeichnet wird. Die synonym gebrauchten Begriffe bezeichnen eine von der UNESCO anerkannte Modellregion, in der ökologisch, ökonomisch und soziokulturell nachhaltige Formen der Landnutzung vorbildhaft gefördert werden sollen. Auch Forschung und Bildung für ein besseres Verständnis von Wechselwirkungen zwischen Mensch und Natur sind wesentliche Aufgaben eines Biosphärenparks.

Zu den erklärten Zielen eines Biosphärenparks gehört seine Entwicklung zu einer Lebensregion für verantwortungsvolles Wirtschaften und Handeln. Während in den Kernzonen der Naturschutz ohne menschlichen Eingriff im Vordergrund steht, sollen die sogenannten Pflegezonen traditionelle, artenreiche Kulturlandschaften bewahren und damit der Artenvielfalt ebenso wie der Ernährung und Erholung des Menschen dienen. Als dritte und mit 76 Prozent flächenmäßig größte Kategorie bieten die Entwicklungszonen Raum für sozioökonomische Aktivitäten. Auch hier sollten sozial- und umweltverträgliche Verfahren, Produkte und Dienste im Vordergrund stehen.

Von der „Hohen Wand" gewährt eine Schlagfläche die Aussicht auf das Mauerbachtal. Als Biosphärenpark soll der Wienerwald zu einer Modellregion gelebter Nachhaltigkeit werden.

Seit 2005 ist der Wienerwald Biosphärenpark mit einem eigenen Management. Seine Fläche von 1056 km² ist zu etwa zwei Dritteln von Wald bedeckt, der zum größten Teil von den Österreichischen Bundesforsten sowie Klöstern und anderen Großgrundbesitzern bewirtschaftet wird. Der Rest gehört Gemeinden, Bauern und anderen Kleinwaldbesitzern. Die 37 Kernzonen, in denen jede Nutzung unterbleibt, sind ausschließlich Wald und machen gut 5 Prozent der Fläche aus.

Das waldfreie Drittel prägt aber ebenso den Charakter der Region. Außerhalb der Siedlungen und Verkehrsachsen ist das Offenland in Bezug auf Flora, Fauna und Erholung besonders reichhaltig, oft aber auch stark gefährdet.

Der größte Teil des Wienerwalds ist seit 1955 Landschaftsschutzgebiet, was allerdings in jedem Bundesland etwas anderes bedeutet. Während in Niederösterreich die Forstwirtschaft keinerlei Rücksicht auf einen verordneten Landschaftsschutz nehmen muss, ist in Wien die Erhaltung und Förderung naturnaher Wälder ein erklärtes Ziel. Daher ist hier die Pflanzung standortfremder Bäume wie Fichten oder gar exotischer Arten wie Douglasien und Roteichen verboten. Seit den 1990er-Jahren wird in den Wäldern im Eigentum der Stadt Wien auch ohne chemische Mittel und nur mit Naturverjüngung gearbeitet. Sogar bei Eichen funktioniert diese meist recht gut, wenn konsequent gepflegt wird – zumindest auf Eichenstandorten. Es gibt aber auch im Wienerwald nicht wenige Bereiche, wo aus historischen Gründen Eichen auf Buchenstandorten stehen und in der Naturverjüngung keine Eichen nachwachsen.

Von Merkenstein bis zum Helenental erstreckt sich die größte der 37 nutzungsfreien Kernzonen, wo sich ein naturnaher Wald entwickeln darf. Die Wiese davor mit ihrem Gehölzsaum gehört einer Pflegezone an, wo der Artenreichtum der traditionellen Kulturlandschaft bewahrt werden soll.

Oben: Berg und Graben heißt das sanft geschwungene, als Pflegezone ausgewiesene Tal westlich von Nöstach, das Ausblicke auf den Peilstein erlaubt.

Rechts: Der Reitsport gehört zu den umweltfreundlichen Möglichkeiten, Bewegung mit Naturerlebnissen zu verbinden.

Heute ist der Wienerwald auch Europaschutzgebiet im Netzwerk „Natura 2000". Während in vielen solchen Gebieten ausreichend konkrete und verbindliche Managementpläne noch immer fehlen, gibt es diese beispielsweise für den Lainzer Tiergarten seit 2008 in detaillierter Form.

Der Biosphärenpark erstreckt sich über 51 Gemeinden und 7 Wiener Bezirke. In ihm wohnen etwa 800.000 Menschen. Schutz und Nutzung am Rand einer Millionenstadt miteinander zu verbinden ist eine gewaltige

Oben: Für die so besonders wertvollen Trockenrasen wie die Perchtoldsdorfer Heide ist die traditionelle und gleichzeitig naturschutzfachlich betreute Beweidung die beste Landschaftspflege.

Links: Irene Drozdowski und Alexander Mrkvicka sind die Seele des Vereins der Freunde der Perchtoldsdorfer Heide. Durch Entbuschungsaktionen wird diese alte Kulturlandschaft vor weiterer Verwaldung bewahrt.

Herausforderung für das Biosphärenpark-Management. Sein vielschichtiges Angebot reicht von geführten Exkursionen und Naturvermittlungen über Tage der Artenvielfalt und Mitmachaktionen bei der Pflege von Trockenrasen und Feuchtwiesen bis zur Etablierung der Beweidung wertvoller Naturschutzflächen, Bewusstseinsbildung für den Biolandbau und Direktvermarktung. Die Bemühungen vieler engagierter Mitarbeiter und Partner des Biosphärenparks werden durch das sichtlich wachsende Interesse von Bewohnern und Besuchern belohnt, die auf diese Weise

nicht nur etwas von den Naturschätzen des Wienerwalds, sondern auch von unserer Verbundenheit mit der Biosphäre erfahren und erleben.

Die Einbindung der Bevölkerung in Konzepte zum Schutz von Lebensräumen, zur Erhaltung der biologischen und kulturellen Vielfalt ist eine wesentliche Aufgabe. Denn, wie Konrad Lorenz es so treffend formulierte, man schützt nur, was man liebt, und man kann nur lieben, was man kennt.

Seite 44: Auf unzähligen Wegen kann der aufmerksame Wanderer das Walten der Natur erleben und sich für ihre Schönheit begeistern.

Oben: Von Bäumen durchsetzte Wiesen bei Dornbach zwischen den ausgedehnten Waldflächen gehören zum Charakter der Region.

Links: Kreith bei Groisbach. Faire Produktpreise und Prämien für die Pflege der Offenlandschaft sollten den Weiterbestand der kleinbäuerlichen Bewirtschaftung sichern.

WÄLDER

Wunder und Wirklichkeit

Für die einen sind Wälder Lieferanten eines genialen Rohstoffs und nachwachsenden Energieträgers, für andere ein Inbegriff lebendiger Natur. Beide Aspekte sind wesentlich und sollten nicht gegeneinander ausgespielt werden. Seit vielen Jahrtausenden sind Wälder Europas natürliches Pflanzenkleid und damit eine Grundlage unserer Kultur und Identität. Bis heute suchen wir sie auf, um in der Begegnung mit dem Gewordenen und Gewachsenen Erholung ebenso zu finden wie Anregung. Im Wald erleben wir friedliche Harmonie und dramatischen Lebenskampf nicht als Widersprüche, sondern als Bestandteile des Lebens. Hier tauchen wir ein in einen Lebensraum, der von den Tiefen des Bodens bis in die hohen Gewölbe der Baumkronen die unterschiedlichsten Lebewesen beherbergt.

Wie die verschiedenen Pflanzen und Tiere, Pilze und Mikroben von- und miteinander leben, welche Stoffe und Informationen sie austauschen, verstehen wir noch recht unvollständig. So deutet manches darauf hin, dass Bäume über Botenstoffe oder die Myzelgeflechte ihrer Wurzelpilze mit anderen Lebewesen in ihrer Umwelt kommunizieren. Auch wissen wir noch ziemlich wenig darüber, wie dieses Netz von Beziehungen, das sich im Einzelnen dauernd verändert, im Ganzen dennoch verlässlich funktioniert.

Gerade das Geheimnisvolle, das naturnahe Wälder bergen, gehört zu ihrem Reiz und ihrer Schönheit. Es weckt in uns weit mehr als Entdeckerfreude und Forscherdrang. Immer mehr Menschen suchen die Berührung mit der Natur, mit einer Wirklichkeit, die weitaus größer und

Seiten 46–47: Als Stätte der Artenvielfalt sind naturnahe Wälder nicht zuletzt auch Orte, wo wir das vielfältige Wirken der Natur erfahren, auch unserer eigenen.

Ein Wald ist weder Holzfabrik noch Sportplatz, sondern ein komplexes Lebewesen, das von allen Nutzern Respekt verdient.

komplexer ist als alles Menschenwerk. Da ist der Erwerb von Wissen nicht immer das Wichtigste, sondern eher ein Mittel zur Erlangung von gesunden Werthaltungen. Waldschulen und Waldkindergärten, von Naturvermittlern geleitete Waldexkursionen oder Angebote für Waldtherapien wie das sogenannte Waldbaden haben regen Zulauf.

Mehr oder weniger bewusst zieht es uns in den Wald, weil wir seinen Zauber erleben möchten. Naturnahe Wälder und Gewässer sind Orte, wo das Walten der Natur besonders spürbar ist. Da nehmen wir mit allen Sinnen eine Welt wahr, die erhabene Ruhe ausstrahlt und gleichzeitig von pulsierendem Leben erfüllt ist, die Körper, Geist und Seele anregt und heilt, die unser Gemüt bis in spirituelle Tiefen bewegt.

Diese vielfältige, höchst lebendige Beziehung von Menschen zum Wald gewinnt in unserer immer künstlicher werdenden Wohn- und Arbeitswelt an Bedeutung. Unterschiedlichste Humanwissenschaftler empfehlen immer dringender die Pflege von Naturkontakten, und die Sehnsucht danach schlummert oder regt sich ohnehin in uns.

In der Natur draußen entdecken wir auch unsere innere Natur. Wir empfinden Freude, weil wir uns selber wieder besser spüren, wenn wir uns liebevoll anderen Lebewesen zuwenden. Über den Stammbaum der Evolution sind wir ja mehr oder weniger mit ihnen verwandt. Wir sind, wie sie, Geschöpfe der Biosphäre auf unserem einzigartigen Planeten. Mit allen zivilisatorischen Errungenschaften sind wir ein abhängiger Teil von ihr und für sie verantwortlich.

In seinen unterschiedlichen Stockwerken birgt der Wald unzählige, oft verborgen lebende Organismen. Mit Aufmerksamkeit und Glück entdecken wir einige davon.

Oben: Die Sehnsucht, im Grünen zu wohnen, wird zur Gefahr, wenn viele es wollen. Deshalb bedarf es strenger Grenzen zwischen Bauland und Wald.

Rechts: Der Wald liefert den unentbehrlichen Rohstoff Holz. Gerodete Flächen müssen jedoch dauernd gegen sein Vordringen verteidigt werden.

Aber in vielen Wäldern geht es nicht sehr naturnah zu, weil sie für manche Menschen auch ganz andere Bedeutungen haben. In früheren Zeiten wurde ihre wuchernde Vitalität eher als undurchschaubarer Widersacher erlebt. Immerhin musste ihnen jeder Siedlungsplatz, jede Wiese und jeder Acker durch Rodung mühsam abgerungen werden. Gleichzeitig war der Wald immer eine lebenswichtige Ressource, gewann man in ihm doch Bau- und Brennholz, Wildbret und Beeren, Futter und Streu für das Vieh. Heute ist er als Produzent von Säge-,

Oben: Bis in die hohen Kronen reicht das Beziehungsgeflecht der vielen Waldbewohner.

Links: Zum Beispiel ist der häufige Buntspecht auf die Jagd nach rinden- und totholzbewohnenden Insekten spezialisiert.

Brenn- und Industrieholz für seine Besitzer eine Einkommensquelle und bildet die Grundlage großer Wirtschaftszweige. Seine Bedeutung als Wasser- und Kohlenstoffspeicher, Wind- und Bodenschutz, Sauerstoffproduzent, Klimaregulator und Staubfilter ist erst seit kaum einem Jahrhundert allgemein bewusst. Und seit die Wichtigkeit der Biodiversität als menschheitliches Zukunftsthema diskutiert wird, findet sich unter den Ursachen für den Artenschwund neben direkter Waldzerstörung auch die Monotonie vieler Forste.

Der Wald als Spiegel unseres Denkens

Viele Wälder können die genannten Schutz- und Wohlfahrtsaufgaben nur unzureichend erfüllen. Den Waldbesitzern die alleinige Verantwortung dafür zuzuschieben, wäre zu einfach und ungerecht. Sie haben ohnehin mit Sturm- und Trockenschäden als Folge des Klimawandels zu kämpfen, den wir alle mitverschulden. Vielmehr spiegelt auch der Zustand unserer Wälder unsere kollektiven Denkweisen wider. Die werden immer dringender änderungsbedürftig.

Das übertriebene Nützlichkeits- und Ertragsdenken bewirkt eine immer tiefere Trennung unterschiedlicher Nutzerinteressen. Forst und Jagd, Freizeitsport und Tourismus wurden zu Konkurrenten mit sehr unterschiedlichen Ansprüchen und Ansichten über den Wald. Ein Umdenken hat aber zum Glück längst begonnen. Immer mehr Waldnutzer erkennen zunehmend Wälder als Lebewesen höherer Ordnung, als komplexe Systeme, in denen vielerlei Pflanzen, Pilze und Tiere zusammenwirken. Wir Menschen gehören dazu, dürfen Wälder nutzen und gestalten. Nicht immer haben wir das mit dem nötigen Weitblick getan. Forstliche und jagdliche Bewirtschaftungsfehler haben Böden degradiert und viele Arten dezimiert oder vernichtet. Wirklich gestoppt ist dieser Ökosystemzerfall noch lange nicht, weil immer noch uneinsichtige Menschen ihre verengten Interessen rücksichtslos verfolgen und Gesetze samt ihrem Vollzug allgemein recht zögerlich sachlichen Erfordernissen angepasst werden.

Nur wo Forst-, Jagd- und Freizeitnutzung maßvoll und naturnah bleiben, kann der Wald seine vielfachen Wohlfahrtsaufgaben erfüllen.

Zum Verständnis und zum Schutz unserer Wälder gehört der Respekt vor ihrem Eigenwert als hochorganisierte Lebensgemeinschaften, aber auch gegenüber Menschen, die sie maßvoll nutzen. Diesem ökologischen Denken ist klar, dass Ertragssteigerungen bei lebenden Systemen schnell eine Grenze erreichen, hinter der zusätzlicher Gewinn mit einem Verlust von Lebensvielfalt und Stabilität erkauft wird. Der naturnahe Waldbau erkennt in Borkenkäfern und anderen Pflanzenfressern, die sich in Kulturen einer einzigen schnell wachsenden Baumart stark vermehren können, nicht eine generelle Bedrohung des Waldes, sondern ein Korrektiv der Natur. Er fördert die Vielfalt durch standortangepasste Mischwälder ebenso wie durch Alt- und Totholz als Lebensstätte für Pilze, Flechten, Moose, Insekten, insbesondere holzbewohnende Käfer, sowie Spechte und andere baumhöhlenbewohnende Tiere.

In ähnlicher Weise verzichtet eine naturnahe Jagdwirtschaft auf zu hohe Wildpopulationen und einseitige Trophäenzucht mittels Kraftfutter sowie auf die Verfolgung von Beutegreifern und Greifvögeln. Denn alle diese Organismengruppen sind wertvoll in einem sich weitgehend selbst regulierenden Ökosystem. Und als Wanderer oder Sportler müssen wir alle im Wald gegenüber diesem wunderbaren System unterschiedlichster Lebewesen besonders achtsam und rücksichtsvoll sein.

Naturwaldreservate, Kernzonen und andere strenge Waldschutzgebiete, in denen jeglicher forstlicher Eingriff unterbleibt, sind als Rückzugsraum seltener Arten für die Erhaltung der biologischen Vielfalt

Zur nachhaltigen Sicherung der vielen Leistungen des Waldes gehört neben einer zurückhaltenden Holzentnahme die Erforschung und Berücksichtigung seines Wesens als empfindlicher Organismus.

Für die Erhaltung der Lebensvielfalt ist ein Netzwerk von nutzungsfreien Zonen mit Alt- und Totholz entscheidend.

unentbehrlich. Außerdem sind sie unverzichtbar als Freilandlabor zur Erforschung der Prozesse und Funktionsweisen ursprünglicher Wälder, wovon die gesamte Waldwirtschaft profitiert.

Um die heimische Waldbiodiversität und insbesondere die Mehrzahl der Totholzbewohner erhalten zu können, wozu wir moralisch und durch internationale Verträge verpflichtet sind, muss wenigstens in Teilen des Wirtschaftswalds ein Netzwerk aus Naturwaldreservaten und anderen nutzungsfreien Zonen, Altholzinseln, Habitatbäumen und den sie verbindenden Korridoren geschaffen werden. Eine gewisse Naturnähe und Strukturvielfalt im Wald gehört zu einer ganzheitlich nachhaltigen Forstwirtschaft. Ein Nutzungsverzicht auf größeren Flächen wird in der Regel finanziell abgegolten. Diese Förderinstrumente wären durchaus ausbaufähig, wenn noch mehr Waldbesitzer und vor allem ihre Interessenvertreter den Biodiversitätsschutz als Geschäftsfeld statt als Bewirtschaftungshemmnis erkennen würden.

Im Wienerwald sind mehr als 5 Prozent der Waldfläche als nutzungsfreie Kernzonen ausgewiesen. Bereits jetzt fällt ihr Reichtum an Totholz auf, in dem seltene holzbewohnende Käfer als Larve heranwachsen, Spechte besonders viel Nahrung finden und Baumpilze sie mit ihren leuchtenden Fruchtkörpern schmücken. Ein urwaldartiger Charakter mit Baumriesen wird sich allerdings erst im Laufe von Jahrhunderten herausbilden.

Oben: Der relativ häufige Waldkauz benötigt wie alle Eulen geschützte Nischen in Felsen oder alten Bäumen als Horstplatz.

Mitte: Der Fleckhals-Prachtkäfer entwickelt sich als Larve mehrere Jahre lang unter der Rinde von Schlehen und anderen holzigen Rosengewächsen an trockenwarmen Standorten.

Unten: Der Striegelige Schichtpilz besiedelt oft als erster holzzersetzender Pilz abgestorbenes Laubholz.

Der Lainzer Tiergarten

Dieses 25 km² große Gebiet in unmittelbarer Nachbarschaft zur verbauten Stadt ist ein Glücks- und Sonderfall. Seit dem Mittelalter war der „Saugarten" Jagdrevier für den kaiserlichen Hof und seine Gäste. Ende des 18. Jahrhunderts wurde die reparaturanfällige Umzäunung durch eine 24 km lange Mauer ersetzt, um die damals angrenzenden Felder und Gärten vor Wildschäden und andererseits das Wildgatter vor menschlichen Eindringlingen zu schützen.

Für die Öffentlichkeit wurde der Lainzer Tiergarten erst 1919 zugänglich gemacht, allerdings nur zu bestimmten Tages- und Jahreszeiten. Während des Zweiten Weltkriegs und der russischen Besatzung war er wieder gesperrt. Die Notzeit nach 1945 war mit massiven Abholzungen verbunden, das Wild wurde nahezu ausgerottet und die Hermesvilla, das einzige herrschaftliche Gebäude im Tiergarten, verwüstet. Heute ist alles vorbildlich restauriert, und jedes Jahr suchen mehr als 800.000 Menschen hier Erholung.

Da die Holznutzung über lange Perioden gegenüber der Jagd bedeutungslos war, stehen heute im Lainzer Tiergarten die meisten und größten Altbäume des Wienerwalds. Über 400 Jahre alte Eichen- und Buchenveteranen mit 4 m Stammumfang, teils auch bereits niedergebrochen, sind Heimat einer reichen Pilz-, Flechten- und Insektenwelt.

Der Lainzer Tiergarten war über Jahrhunderte kaiserliches Jagdrevier. Heute ist er mit seinen Lichtungen und uralten Bäumen ein stark frequentiertes und dennoch naturnahes Erholungsgebiet am Rand der Stadt.

Für die Stadt Wien als Eigentümer des ältesten Naturschutzgebiets im Wienerwald stehen seit den 1990er-Jahren Naturschutz und Erholung im Vordergrund, Jagd und forstliche Eingriffe dienen diesen Zielen. Der Bestand von Schwarzwild wird seit vielen Jahren systematisch reduziert. Damwild und Mufflons, die als nicht heimisches Wild aus jagdlichen Gründen im 19. Jahrhundert ausgesetzt wurden, sollen wieder eliminiert werden, um eine natürliche Waldverjüngung und Bodenvegetation zu ermöglichen. Rotwild ist bereits seit Jahrzehnten rückläufig und aktuell kaum mehr vorhanden, da der Lainzer Tiergarten für einen stabilen, sich selbst erhaltenden Bestand zu klein ist. Gejagt wird dazu vorwiegend im Winter, wenn der Tiergarten gesperrt ist.

An eingezäunten Kontrollflächen, wo das Wild ausgeschlossen ist, sieht man den Unterschied noch deutlich. In den letzten Jahren zeigen sich aber die Erfolge der Wildstandsreduktion durch das Aufkommen von Jungbäumen auch außerhalb der Zäune. Man muss jedoch bedenken, dass ein Wald ohne Wild ebenso unnatürlich ist wie ein Baumbestand mit überhegter Wilddichte. Mit der Annäherung des Wildstands an die Tragfähigkeit des Lebensraums werden die Fütterungen nach und nach aufgelassen.

Wild, das man aus der Nähe beobachten kann, und seine möglichst artgerechte Haltung auf eingezäunten Weiden verbindet eine Besucherattraktion mit einer sinnvollen Nutzung und Offenhaltung von

Hier stehen die stärksten Buchen und Eichen des Wienerwaldes. Viele dürfen eines natürlichen Todes sterben und beherbergen danach zahlreiche Pilze, Flechten und höhlenbewohnende Tiere.

Oben: Gezäunte Kontrollflächen zeigen den Unterschied zwischen Wald ohne Wild und dem unter unnatürlicher Wilddichte leidenden Wald. Seit längerem wird der Wildstand auf ein verträgliches Maß reduziert.

Mitte: Unter der abgefallenen Eichenrinde im Vordergrund werden die Fraßgänge großer Käferlarven sichtbar.

Unten: Im Herbst erscheinen die leuchtenden Fruchtkörper vom gefährdeten Leberreischling auf starken Stämmen toter Eichen.

Oben: Heckrinder vermitteln einen Eindruck vom ausgerotten Auerochsen, der Stammform der Hausrinder.

Links: Die nässeliebenden Schwarz-Erlen bleiben bis zum Laubfall grün. Die Feld-Ahornbäume dahinter verfärben sich dagegen im Herbst leuchtend gelb.

Wiesen. Eine Besonderheit des Lainzer Tiergartens sind Heckrinder, eine halbwilde Rasse, die dem ausgestorbenen Auerochsen, der Stammform des Hausrinds, ähnelt. Die großzügige Wald- und Graslandschaft hinter dem Lainzer Tor mit der Herde dunkler Hornträger vermittelt einen sinnfälligen Eindruck von der Umwelt früherer Menschen. Wünschenswert wären zur Komplettierung der ursprünglichen Pflanzenfresserfauna auch Konikpferde, ein Rekonstruktionsversuch des ausgestorbenen Tarpans.

Wild und Jagd

Große Wildtiere erregen naturgemäß unsere Aufmerksamkeit stärker als kleine. Trotz ihrer Größe sind sie meistens am schwierigsten zu beobachten, weil sie als jagdbares Wild eine große Scheu vor Menschen entwickelt haben und sich erst in der Dämmerung aus ihren Einständen zur Nahrungssuche auf freie Flächen wagen. Dem Bedürfnis sehr vieler Menschen nach der Begegnung mit diesen edlen Gestalten kommen Schaugehege wie im Naturpark Purkersdorf oder Lockfütterungen wie im Naturpark Sparbach entgegen.

Hirsche, Rehe und Wildschweine sind nicht nur prachtvolle Tiere mit jeweils arteigenen Sozialstrukturen. Sie sind auch Teil und Gestalter des Waldes. Bis in die Neuzeit lebten außer ihnen auch Herden von Auerochsen, Wisenten, Tarpanen und Elchen in Mitteleuropas Wäldern, im dynamischen Wechselspiel und Gleichgewicht mit Nahrungsangebot und Großraubtieren wie Bär, Wolf und Luchs. Der Mensch rottete sie aus, weil er in all diesen Tieren Konkurrenten oder Gefahren für sein Vieh erblickte. Aber auch der steinzeitliche Jagdtrieb lebt fort in den Traditionen des Weidwerks wie im prestigeträchtigen Trophäenkult. Die Jagd ist für viele Menschen ein Zugang zu intensivem Naturerleben – und für viele Forstbetriebe ein lohnender Wirtschaftszweig.

Die Großpflanzenfresser, in erster Linie Wildrinder und Wildpferde, dürften in vorgeschichtlicher Zeit für halboffene, parkartige Bereiche

Oben: Nur bei sehr guten Bedingungen erreicht das Geweih des Hirschen die Größe von 18 Enden.

Seite 60 unten: Das scheue Rotwild kann man am ehesten im Gehege des Naturparks Sandstein-Wienerwald sehen.

Oben: Rothirsche bekommen erst im Lauf des Frühlings ihr rotes Sommerfell.

Mitte: Im Naturpark Sparbach haben freilebende Wildschweine durch Anfütterung ihre Scheu vor Besuchern weitgehend abgelegt.

Unten: Wie die meisten Säugetierkinder entzücken uns Rehkitze und lösen unsere Beschützerinstinkte aus.

Oben: Fütterungen können zu überhöhten Schalenwilddichten führen.

Rechts: Die Rückkehr des Wolfs und anderer großer Beutegreifer erfordert eine naturnähere Jagdwirtschaft.

im Wald gesorgt haben, indem sie an sonnigen Stellen, wo sie sich gerne aufhielten, den Jungwuchs samt Krautschicht weitgehend beweideten. Beim Übergang von der Jäger- zur Bauernkultur wurden viele der großen Wildtiere allmählich durch Haustiere ersetzt.

Die heute noch wild lebenden Huftiere müssen mangels natürlicher Gegenspieler durch die Jagd in ihrem Bestand reguliert werden. Gleichzeitig werden sie vielfach durch Wildfütterungen gefördert und zum reviertreuen Standwild gemacht. Baumpflanzungen oder Natur-

Oben: Der Damhirsch stammt aus dem Vorderen Orient und wurde jahrhundertelang in Jagdgattern gezüchtet.

Links: Feldhasen leben auch in lichten Wäldern, während ihre Bestände in intensiv bewirtschafteten Agrarlandschaften stark abgenommen haben.

verjüngungen müssen mit Zäunen vor ihnen geschützt werden, während dichte Jungwälder ihnen Deckung und Nahrung bieten und dennoch heranwachsen können. Wie im Waldbau, so bewährt sich auch in der Jagd auf Dauer eine naturnahe Bewirtschaftung. Verständige Jäger halten sich deshalb mit dem Füttern zurück und begrüßen die Rückkehr großer Beutegreifer. Denn diese lesen am verlässlichsten kranke und schwache Exemplare aus. Außerdem stehen sie an der Spitze der vielfältigen Nahrungsbeziehungen und gehören ebenso zum Wald wie das Wild.

Waldgesellschaften

Der Wienerwald gilt als eines der größten zusammenhängenden Buchenwaldgebiete Mitteleuropas. Etwa die Hälfte seiner Fläche ist von Buchenwäldern bedeckt. Daneben gibt es auch von anderen Baumarten geprägte Wälder mit teilweise unterschiedlichen Bewohnern. Die verschiedenen Gesteine und Böden, das bewegte Relief und die Höhenunterschiede, schließlich die Stauwirkung des Gebirgskamms auf die Wolken und die Grenze zwischen ozeanisch und kontinental getöntem Klima bewirken sehr unterschiedliche Lebensbedingungen.

Rechts: Mischwälder sind auch im April abwechslungsreich, wenn zwischen kahlen Eichen bereits Buchen und Hainbuchen ihr Blätterkleid entfalten.

Unten: Vom Troppberg bis zum Stadtrand von Wien bedecken ausgedehnte Buchenwälder die Hügel des Flysch-Wienerwaldes.

Mehr als 30 Waldtypen wurden bisher identifiziert. Solche Pflanzengesellschaften haben sich auf natürliche Weise gebildet, weil Arten mit ähnlichen Ansprüchen an Klima und Boden auf den für sie passenden Standorten zusammentreffen. Einförmige Pflanzungen von Nadelbäumen verdrängen mit dieser feinen Differenzierung auch die Artenvielfalt. Dagegen fördert eine fortschrittliche Forstwirtschaft die jeweils standortgemäße Baumartenmischung, weil sie in jeder Hinsicht stabiler ist. Hier sollen nur die drei wichtigsten Gruppen vorgestellt werden.

Links: Fichtenforste sind öd und besonders in tiefen Lagen vom Borkenkäfer bedroht.

Unten: Das Helenental verdankt seinen lieblichen Reiz vor allem den weitgehend naturnahen Wäldern.

Buchenwälder gedeihen in wintermilden und nicht zu trockenen Gebieten und sind deshalb in den nördlichen Randalpen und anderen atlantisch geprägten Regionen Europas verbreitet. Sie kennzeichnen den Wienerwald wie keine andere Pflanzengesellschaft, treten aber entlang der trockenwarmen Thermenlinie zurück. Mit ihren glatten Stämmen und schlanken Ästen, dem zartgrünen Laubaustrieb im April und der rotgoldenen Verfärbung vor dem herbstlichen Laubfall gehören Buchenwälder zu den schönsten Ausprägungen des nördlichen Laubwaldgürtels der Erde.

In höheren Lagen, wie am Schöpfl oder Peilstein, mischen sich Tannen, Fichten und Berg-Ahorne, manchmal auch Eiben unter die Buchen, in Mulden und auf Gipfeln die feuchtigkeitsliebenden Eschen, in warmen Lagen Eichen und Feld-Ahorne, auf Kalk- und Dolomitböden die Schwarz-Föhren. In ihrem Kerngebiet kann die Buche aber von Natur aus Reinbestände bilden. Denn die massenhaft keimenden Jungbuchen vertragen Schatten besser als andere Baumarten und warten als niedere Strauchschicht, bis sich das Kronendach der alten Bäume einmal öffnet.

Bei der über ganz Europa reichenden Verbreitung von buchendominierten Wäldern haben sich zahlreiche Tiere mehr oder weniger an sie angepasst. Der Buchfink, einer unserer häufigsten Brutvögel, trägt ja die Buche in seinem Namen. Er lebt auch in anderen Wäldern und gehölzreichen Kulturlandschaften. Da er seine Nahrung – Samen und Gliederfüßler – bevorzugt am Boden in vegetationsarmer Laubstreu sucht, erfüllen Buchenwälder mit ihrem tiefen Schatten diese Bedingungen besonders

In ihrem wechselnden Kleid wirken die hohen Hallen der Buchenwälder immer freundlich, selbst in gleichaltrigen Forsten.

Links: Der Buchfink ist außer in Buchenwäldern in vielen Lebensräumen häufig.

Unten: Bergfinken kommen nur im Winter aus ihren nördlichen Brutgebieten zu uns.

gut. Den unverwechselbaren Finkenschlag, den Balz- und Reviergesang, schmettern die Buchfinkmännchen von Sitzwarten aus in das Konzert von flötenden Drosseln und Laubsängern, trommelnden Spechten, gurrenden Tauben und vielen anderen Stimmen im Frühlingswald.

Während im Winter viele Vögel, die sich von Insekten ernähren, in mildere und nahrungsreichere Gegenden ziehen, kommen zu uns Gäste aus ihren nordeuropäischen Brutgebieten. Schwärme von Bergfinken suchen vor allem Buchenwälder auf, denn deren Früchte sind ihr winterliches Lieblingsfutter.

Der scheue Schwarzstorch ist nur im Sommer in Europa und baut seinen umfangreichen Horst am häufigsten in der Krone einer großen Bu-

Links: Der Habichtskauz war lange ausgestorben. Im Wienerwald und am Dürrenstein wurde er erfolgreich wieder angesiedelt.

Rechts: Als größte Spechtart ist der Schwarzspecht auf alte Bäume angewiesen. Seine Höhlen sind für viele andere Waldbewohner wichtig.

che in ruhiger Lage. Starke, von Pilzen befallene Buchen scheint auch der Schwarzspecht zu lieben, denn dort meißelt er bevorzugt seine zahlreichen Höhlen. Er ist unsere größte Spechtart, etwa so groß wie eine Krähe. Auf seine Höhlen sind zahllose andere Tiere angewiesen. So brüten in ihnen Kleineulen oder die Hohltaube, Fledermäuse finden da geschützte Tageseinstände und Brutplätze, Hornissen einen Bauplatz für ihr kunstvolles Wabennest. Tiere, die durch ihre Tätigkeit die Bedingungen für andere Arten verbessern, nennt man deswegen Schlüsselarten.

In noch größeren Höhlen brüten der Waldkauz, unsere häufigste Eule, sowie der wesentlich größere Habichtskauz. Der war, wie so manche anderen Tiere, nach hemmungsloser Bejagung mehr als ein Jahrhundert lang ausgerottet. Seit einigen Jahren wird er dank eines erfolgreichen Wiederansiedlungsprojekts im Wienerwald und im Wildnisgebiet Dürrenstein wieder heimisch. Soweit man nicht mit geeigneten Nistkästen nachhilft, finden diese großen Höhlenbrüter nur in besonders starken Altbäumen durch Fäulnis entstandene Nistplätze.

Die Hauptnahrung dieser Eulen sind Kleinsäugetiere, von denen im Wald die Rötelmaus besonders häufig ist. Deren Bestand schwankt mit dem Angebot der Bucheckern. Diese Früchte der Buchen gibt es

Links: Die Rötelmaus ist neben anderen Kleinsäugern die Hauptnahrung vieler Eulen und Greifvögel.

Unten: Der Bestand der Mäuse hängt vom schwankenden Angebot nahrhafter Buchenfrüchte ab. Die keimenden Buchen sind wieder Äsung für Schalenwild.

reichlich in sogenannten Mastjahren, die von Hungerjahren unterbrochen werden – offenbar ein genetisch fixierter Trick mancher Baumarten, um sich allzu viele Samenfresser vom Leib zu halten. Die Verbreitung nahrhafter Früchte durch Tiere ist eine bewährte Strategie. Zu viele Mäuse und andere Samenfresser würden jedoch die gesamte Ernte verzehren. Nur wenn sie nicht zu zahlreich sind, vergraben sie Vorräte, die sie oft nicht mehr finden, sodass sie keimen können.

Die natürlichen Schwankungen der Produktion von Bucheckern setzen sich über die Samen fressenden Tiere bis zu den Eulen und anderen Mäusejägern fort. Deren Bruterfolge und Vermehrungsraten hängen von verfügbaren Beutetieren ab. So wird überall die Verteilung und Dichte

Rechts: Der Nagelfleck frisst als grüne Raupe an jungen Buchenblättern.

Unten: Die bizarr wirkende Buchenspinnerraupe erinnert an eine große Ameise und vermindert dadurch die Gefahr, gefressen zu werden.

von Tierarten vom Nahrungsangebot und von der Qualität des Lebensraums ebenso bestimmt wie von Konkurrenten und jagenden Arten.

Noch stärker sind manche Schmetterlinge an Buchenwälder gebunden. Im Frühling fallen die Männchen vom Nagelfleck auf, wenn sie über dem Waldboden in hektischem Zickzackflug der Duftspur eines Weibchens folgen, die sie mit ihren großen gefiederten Antennen aus großer Entfernung aufnehmen können. Die grünen Raupen fressen bevorzugt an Buchenblättern, sind aber schwer zu finden. Beim Streckfuß sind dagegen die Raupen mit ihrem roten Schwänzchen auffälliger als die rindenfarbigen Schmetterlinge. Ähnlich ist es beim Buchen-Zahnspinner. Dessen bis 6 cm lange, bizarre Larve ist auf den ersten Blick nicht als

Links: Vor allem auf geschwächten und toten Buchen wächst der Zunderschwamm. Sein Myzelgeflecht durchdringt und zersetzt das Holz.

Unten: Auf morschem Starkholz ist im Herbst der seltene Buchen-Stachelbart zu finden. Pilze sind als abbauende Organismen unentbehrlich im Naturhaushalt.

Schmetterlingsraupe zu erkennen. Wenn sie sich bedroht fühlt, hebt sie ihren Vorderkörper mit einem großen Kopf und ungewöhnlich langen Beinen, ebenso den Hinterleib mit zwei Schwanzfortsätzen.

Alte und geschwächte Buchen werden vom Zunderschwamm befallen. Mit seinem Pilzgeflecht zersetzt er das Lignin und bewirkt im Holz eine Weißfäule. Meistens bemerkt man seine Anwesenheit durch die großen Konsolen an den Stämmen, die der Verbreitung der Sporen dienen. Über Jahrzehnte können diese Baumschwämme zu 50 cm großen Gebilden heranwachsen, denn der Pilz lebt auch im toten Holz noch lange weiter und hilft mit, dass es allmählich zu Humus zerfällt und die enthaltenen Nährstoffe für andere Lebewesen verfügbar werden. Weitaus

Rechts: Der ca. 3 cm große europaweit geschützte Alpenbock wächst als Larve mehrere Jahre lang in starkem, besonnten Buchentotholz heran.

Unten: Die Käfer leben nur wenige Wochen lang im Hochsommer und widmen sich vor allem der Fortpflanzung.

Seite 73: Für die Erhaltung von Lebensvielfalt und Stabilität sollte auch im Forst ein Mindestmaß von Totholz vorhanden sein.

seltener ist der Buchen-Stachelbart zu finden, denn seine prachtvollen Fruchtkörper vergehen bald wieder und wachsen außerdem nur auf starkem Moderholz. In Forsten werden diese dekorativen Pilze wie so viele andere immer seltener, weil dort die Bäume in ihren besten Jahren geschlagen werden, Jahrhunderte vor ihrem natürlichen Ende.

Der Alpenbock, einer unserer schönsten Käfer, ist ebenfalls auf tote Baumstämme angewiesen. Er legt seine Eier insbesondere auf trockenes und hartes Buchenstarkholz in sonniger Lage. Darin wächst die Made als „Holzwurm" drei Jahre lang heran. Im Juni bis Juli schlüpft der fertig entwickelte Käfer aus seiner Puppe und bohrt sich an die Oberfläche. Die wenigen Wochen seines Erwachsenenlebens sind der

Oben: Wie die meisten Waldblumen wächst und blüht der Bärlauch nur im Frühling. In der Zwiebel gespeicherte Reservestoffe ermöglichen einen Schnellstart, um die kurze Zeit bis zur Verdunkelung des Waldes zu nutzen.

Rechts: Busch-Windröschen und Leberblümchen treiben ebenfalls im April aus dicken Wurzelstöcken aus.

Fortpflanzung gewidmet. Der Alpenbock, der ursprünglich weit über die Alpen hinaus verbreitet war, ist europaweit streng geschützt und gilt als „Flaggschiffart". Denn genügend große Naturwälder sowie ihre Vernetzung durch Altholzinseln und Habitatbäume in Wirtschaftswäldern sind nicht nur zur Erhaltung dieses prachtvollen Insekts nötig. Sie sichern hunderten weiteren, teils noch gefährdeteren Käferarten und anderen Totholzbewohnern das Überleben. Und jede Art hat andere Lebensweisen und Ansprüche an Wärme und Feuchte, Baumart und Stärke, Frische oder Zerfallsgrad des Holzes.

Links: Die Zwiebeltragende Zahnwurz bildet in den Elattachseln Brutknollen, die eine vegetative Vermehrung ermöglichen.

Unten: Das Wald-Veilchen blüht mit seinen verzweigten Stängeln etwas später als andere Veilchen.

Buchenwaldgesellschaften gedeihen auf sehr unterschiedlichen Böden, die an ihrer Begleitflora zu erkennen sind. Die größte Verbreitung hat der für tiefgründige Böden typische Waldmeister-Buchenwald, der in gleichaltrigen Wirtschaftswäldern oft hallenartige Bestände mit einer spärlichen Strauchschicht bildet. Denn im Sommer ist es hier für viele Pflanzen zu dunkel. Umso reichlicher blühen am Waldboden Frühlingsblumen, die die helle Zeit nützen, bevor sich das Blätterdach über ihnen schließt. Rhizome und andere Speicherorgane im Boden ermöglichen diesen Schnellstart. Da locken die ersten Sonnentage nach dem Winter Lungenkraut und Leberblümchen ans Licht, gefolgt von Busch-Windröschen und Frühlings-Platterbse, über die sich Schmetterlinge, Bienen und andere Bestäuber freuen. Herden von Waldmeister oder Bärlauch leuchten etwas später mit ihren weißen Blüten im allmählich schattiger

Oben: Der Kleb-Salbei ist eine der wenigen Blumen im spätsommerlichen Wald.

Mitte: Der Wald-Ziest enthält in seinen Drüsenhaaren einen unangenehmen Duft, der ihn vor weidenden Tieren schützt.

Unten: Die Nestwurz lebt ohne grüne Blätter im tiefen Schatten von einem Pilz, der die Laubstreu zersetzt.

Seite 77: Die lehmreichen Böden des Flysch-Wienerwaldes tragen wüchsige Buchenwälder.

werdenden Wald. Während die Zwiebeltragende Zahnwurz ihre blasslila Kreuzblüten auf schlanken Stängeln erhebt, bleibt das Wald-Veilchen bescheiden in Bodennähe. Alle diese Pflanzen sind wenige Wochen später nahezu verschwunden. Im Sommer begegnen uns hier nur mehr wenige Blumen, etwa der Kleb-Salbei oder der Wald-Ziest. Im tiefsten Schatten kann ohne Konkurrenz die Nestwurz wachsen, denn sie braucht kein Licht und trägt deshalb keine grünen Blätter. Diese Orchidee lebt als Schmarotzer von einem Pilz, der in der Bodenstreu wächst und ihr die nötigen organischen Aufbaustoffe liefert.

Auf Dolomit- und Kalkgestein sind die Böden trockener und nährstoffärmer, die Wälder entsprechend lichter, die Buche öfter mit Föhren gemischt, sowie mit vielen kalkliebenden Blumen. Im Zyklamen-Buchenwald blüht im Spätsommer die namensgebende Zyklame. Orchideen-Buchenwald wird dieser Waldtyp wegen seines Reichtums an Waldvöglein, Ständelwurz und anderen Vertretern dieser edlen Pflanzenfamilie auch genannt. Auffallende Frühlingsblumen sind die unvergleichlich duftenden Maiglöckchen und das Immenblatt, wohl unser prächtigster Lippenblütler. Eine Zeigerpflanze für warmes Klima ist der immergrüne Lorbeer-Seidelbast.

Bodensaure Hainsimsen-Buchenwälder wachsen auf kalkarmen Flyschschichten. Mit säurezeigenden Pflanzen wie der Weißlichen Hainsimse, dem Wald-Habichtskraut oder der Heidelbeere ist ihre Flora deutlich artenärmer.

Seite 78 oben: Auf Karbonatuntergrund sind Buchenwälder manchmal mit Schwarz-Föhren durchmischt, die oft forstlich gefördert wurden.

Seite 78 unten: Die Zyklame mit ihren wintergrünen Blättern ist eine Charakterart eher trockener Wälder über Kalk und Dolomit.

Oben: Die Mandel- oder Wald-Wolfsmilch ist ein häufiger Buchenwaldbewohner. Märzfliegen ernten ihren Nektar.

Mitte: Die betörend duftenden Maiglöckchen wachsen in lichten, eher mageren Wäldern.

Unten: Der Lorbeer-Seidelbast ist in dunklen Laubwäldern milder Lagen zu Hause und kann als immergrüne Pflanze auch an warmen Wintertagen assimilieren.

Seite 80: Nebel betont die weiten Räume im herbstlich vergoldeten Buchenwald.

Seite 81 oben: Deutlich früher als Eichen und Eschen entlassen im April die Buchen ihre hellgrünen Blätter aus den schützenden Knospen.

Seite 81 unten: Kleinere Buchen verlieren ihr Laub manchmal erst unter dem Gewicht von Reif und Schnee.

Unten: Sowohl an ihrer Gestalt als auch an ihrer rauen Borke und anderen Details sind die unterschiedlichen Eichen leicht von anderen Baumarten zu unterscheiden.

Eichenwälder zählen zu den artenreichsten Waldlebensräumen überhaupt. Denn von Eichen ernähren sich so viele Tiere und Pilze wie von keinem anderen Baum. Alle Eichenarten zeichnen sich durch ihre Vorliebe für wärmebegünstigte Standorte aus. Daher finden sich Eichenwälder im Wienerwald bevorzugt auf Südhängen und entlang der Thermenlinie. Auf tiefgründigen Lehmböden im Flysch-Wienerwald wachsen Trauben-, Stiel- und Zerr-Eichen zu mächtigen Bäumen heran. Wenn sie ihren gesamten Lebenszyklus vom Keimling bis zum knorrigen Veteran und den ein weiteres Jahrhundert währenden Zerfall durchlaufen dürfen, bieten sie Nahrung und Lebensraum für tausende teils seltene und gefährdete Tier- und Pilzarten.

Relativ hell ist es im Eichenwald, weil die ausladenden Kronen kein so dichtes Blätterdach bilden wie die Buchen und außerdem später austreiben. Da können darunter noch die kleineren Hainbuchen und eine Strauchschicht mit Dirndlbüschen und Roten Heckenkirschen gedeihen. Selbst der Waldboden ist meistens grün von Gräsern und Kräutern.

Unsere größten Käfer leben in naturnahen Eichenwäldern, sind aber mit diesen selten geworden. Die Larve des Hirschkäfers wächst drei bis sechs Jahre lang in einem morschen Eichenstrunk heran. Weiter oben nagen die Larven vom Großen Eichenbock in absterbenden oder toten Eichen ihre Gänge. Die stattlichen erwachsenen Tiere findet man nur mit viel Glück. Sie sind vor allem in der Dämmerung warmer Juniabende aktiv, um in schwerfälligem Flug einen Partner zu suchen.

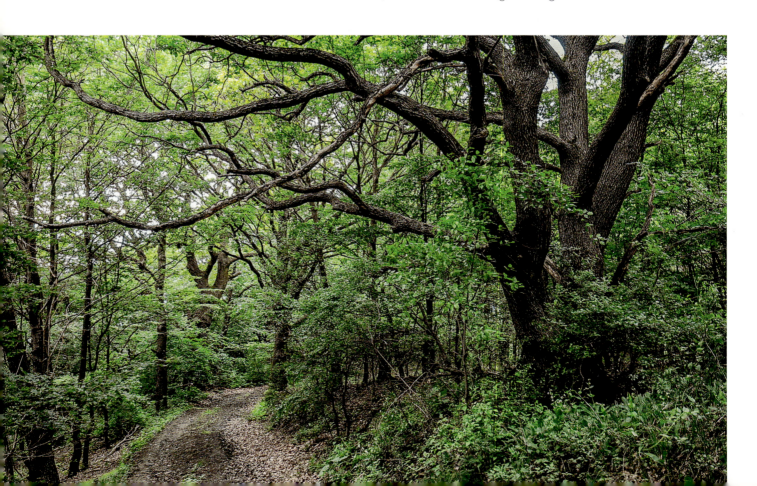

Oben: Hirschkäfer gibt es nur im Bereich alter Eichenwälder, denn ihre Larven leben in starkem morschenden Eichenholz.

Mitte: Den Kleinen Eichenbock findet man im Frühsommer auf Blüten von Bibernell-Rosen und anderen Gehölzen. Auch er entwickelt sich im Totholz von Laubbäumen.

Unten: Die Larven des Sägebocks wachsen 3 bis 4 Jahre lang in Baumstrünken heran.

Rechts: Der Mittelspecht ist auf Eichenwälder spezialisiert und hat österreichweit im Wienerwald sein wichtigstes Vorkommen.

Unten: Der Grauspecht gräbt ebenso wie der ähnliche Grünspecht gerne in Ameisenhaufen und lebt in aufgelockerten, totholzreichen Wäldern.

Häufiger entdecken wir andere auffallende Holzbewohner, etwa den Kleinen Eichenbock oder den Sägebock. Verlassene Bohrlöcher sind begehrte Bruthöhlen etlicher Wildbienen. Deren Weibchen füllen darin ihre Nester mit Pollen als Nahrung für ihre Nachkommen.

Die im toten Starkholz verborgenen Larven dieser und vieler anderer Insekten sind die Nahrung der Spechte. Der gefährdete Mittelspecht ist eine Charakterart von Eichenwäldern. Der Flysch-Wienerwald ist österreichweit sein wichtigstes Brutgebiet. Seine Höhlen sind ebenso wie jene des Grauspechts und des häufigen Buntspechts jahrzehntelang bei anderen Höhlenbrütern begehrt. Kleiber, Halsbandschnäpper und verschiedene Meisen ziehen darin ihre Jungen auf.

Links: Siebenschläfer bewohnen Specht- und andere Baumhöhlen und sind besonders im Herbst auf Eicheln und Bucheckern als fettreiche Nahrung angewiesen.

Unten: Noch lieber als die Früchte der Eichen haben Eichhörnchen Hasel- und Walnüsse, die sie gerne vergraben.

Die nachtaktiven Siebenschläfer bewohnen solche Höhlen als Tagesschlafstätte und Nest für die Kinder. Für ihren sprichwörtlichen Winterschlaf vergraben sie sich aber im Boden oder in mächtigen hohlen Wurzelstöcken. Während dieser sieben Monate währenden Ruhezeit bei tief abgesenkter Körpertemperatur verlieren sie bis zur Hälfte ihres Gewichts. Daher müssen sie sich im Herbst mit genügend Eicheln, Bucheckern und anderen fettreichen Waldfrüchten einen ordentlichen Winterspeck anfüttern.

Eichhörnchen bewohnen die unterschiedlichsten Wälder im Norden der Alten Welt. Sie halten keinen Winterschlaf, sondern nur längere Ruhezeiten in ihrem Nest, das in einer Baumhöhle oder in einem ihrer Kobel, die

Rechts: Der Kleiber ist eine der vielen Vogelarten, die in rauen Borken verborgene Gliederfüßer suchen.

Unten: Der Waldbaumläufer erreicht mit seinem Pinzettenschnabel seine Beute auch in engen Spalten.

sie in Baumkronen bauen, verbringen. Sie legen aber im Herbst Nahrungsvorräte an, indem sie Eicheln, Nüsse und andere Früchte vergraben.

Das Gleiche tun die Eichelhäher mit einer deutlichen Vorliebe für die Früchte der Eichen, die sie nicht nur im Schnabel, sondern auch in ihrem gefüllten Kropf transportieren. Da diese Tiere trotz ihres phänomenalen Ortsgedächtnisses viele Verstecke nicht mehr finden, tragen sie entscheidend zur Vermehrung und Ausbreitung dieser Bäume bei.

Die vielen Rindenspalten an Eichen und anderen grobborkigen Bäumen beherbergen zahlreiche Insekten und Spinnen, nach denen wieder vielerlei Vögel jagen. Der Kleiber klettert dabei gerne kopfabwärts, was für einen

Oben: Eichen-Hainbuchenwälder sind an warmen Standorten verbreitet, wo es für Buchen zu trocken ist.

Links: Warmes Klima zeigt die Pimpernuss an, deren Samen in vorgeschichtlicher Zeit gegessen wurden.

Vogel ziemlich ungewöhnlich ist. Der zierliche Waldbaumläufer bewegt sich – ähnlich den Spechten – mittels Stützschwanz am Stamm aufwärts. Sein langer, dünner und gebogener Pinzettenschnabel erschließt ihm tiefe Risse, die anderen Vogelschnäbeln nicht zugänglich sind.

Eichen-Hainbuchenwälder sind in den sommerwarmen, pannonisch beeinflussten Lagen der verbreitetste Waldtyp. In der Strauchschicht finden sich gerne der Warzige Spindelstrauch und – an etwas feuch-

Rechts: Duftende Weißwurz oder Salomonssiegel heißt dieses Spargelgewächs trockener Standorte, das mit unterirdischen Ausläufern oft Herden bildet.

Unten: Sehr zerstreut wächst dagegen das Immenblatt in wärmegetönten Edellaubwäldern.

teren Stellen – die Pimpernuss, deren Samen essbar sind. Wo es nicht zu schattig ist, gedeihen am Waldboden bis in den Sommer viele Blumen. Da blühen beispielsweise die Echte und die Erd-Primel, dann im Mai die Große Sternmiere und im Juni die Duftende Weißwurz und die Wald-Glockenblume. Überragt werden sie von prachtvollen Raritäten wie dem Schwarzen Germer oder dem Purpur-Knabenkraut.

Ein besonders hübscher Pilz ist der Specht-Tintling, der über kalkhältigem Untergrund in der Streuschicht lebt und im Herbst seine schlanken, gesprenkelten Hüte treibt. Häufiger findet man auf morschenden Eichen den Eichen-Wirrling, einen Baumpilz mit Lamellen an der Unterseite seiner Konsolen, die wie ein Labyrinth ausgebildet sind. Auch im toten Eichenholz leben hunderte Pilzarten, jede auf bestimmte Zerfallsstadien, Holzstärken und Feuchtigkeitsverhältnisse spezialisiert.

Oben: Der Schwarze Germer kommt als submediterrane Art nur im Osten von Österreich, im Wienerwald entlang der Thermenlinie vor.

Mitte: Das kalkliebende Purpur-Knabenkraut ist ein seltener Fund in trockenwarmen Eichenwäldern und Magerrasen.

Unten: Der Eichen-Wirrling zersetzt das Kernholz morschender Eichen und ist ein verbreiteter Begleiter dieser Baumgattung.

Oben: Kernbeißer bilden im Winter Schwärme und ernten bevorzugt die Samen der Hainbuchen.

Mitte: Die Pechnelke gehört zu den Zeigerpflanzen kalkarmer, saurer Böden und wächst auch in lichten, trockenen Eichenwäldern.

Unten: Der Blut-Storchschnabel ist eine Charakterart trockenwarmer Waldsäume und schütterer Flaumeichenwälder.

Da das dunkle Kernholz der Eichen extrem dauerhaft ist, dauert sein Abbau noch länger als bei anderen Holzarten.

Die Samen der Hainbuchen sind im Winter das wichtigste Futter des Kernbeißers. Dieser größte heimische Fink knackt mit seinem mächtigen und raffiniert gebauten Schnabel die Kerne von Kirschen und anderem Steinobst. In der kühlen Jahreszeit zieht er in Schwärmen durch die entlaubten Wälder und erntet systematisch die reichlich an den Bäumen hängenden Früchte.

Der Hainsimsen-Traubeneichenwald wächst auf kalkarmem Grund und ist durch säureliebende Begleitpflanzen wie Pechnelke, Färber-Ginster und Wald-Habichtskraut geprägt.

Eine besondere und europaweit geschützte Waldgesellschaft sind Blutstorchschnabel-Flaumeichenwälder. Sie stehen an seichtgründigen, trockenwarmen Standorten entlang des Alpenostrands. Die submediterran verbreitete Flaum-Eiche bildet bei uns, an der Nordgrenze ihrer Verbreitung, eher niederwüchsige, knorrige und lichte Bestände. In der reichen Krautschicht gedeihen Blumen wärmeliebender Trockenrasen und Waldsäume, etwa die Ästige Graslilie oder der Blut-Storchschnabel. Da fliegen wärmeliebende Insekten wie das Weißfleck-Widderchen. In diesen lichtdurchfluteten Wäldern klettern Äskulapnattern, sonnen sich Schlingnattern und huschen Smaragdeidechsen umher.

Die Flaum-Eiche ist in Südeuropa beheimatet und bildet bei uns im Pannonikum meist niederwüchsige Bestände auf flachgründigen Böden, zum Beispiel bei Greifenstein.

Oben: Am Nackten Sattel bei Gießhübl ist die Flaum-Eiche mit dem Gelben Hartriegel vergesellschaftet.

Mitte: Der samtigen Behaarung auf Knospen und jungen Zweigen verdankt die Flaum-Eiche ihren Namen.

Unten: Äskulapnattern klettern gerne und erbeuten manchmal Jungvögel im Nest. Sie kriechen aber häufiger in Mauslöcher, bei der Suche nach ihrer Hauptnahrung.

Oben: Die Rispen-Graslilie schmückt im Hochsommer offene wie auch locker bewaldete Trockenstandorte mit weißen Sternen.

Mitte: Weißfleck-Widderchen sind ebenfalls an trockene, mit Gehölzen durchmischte Magerwiesen gebunden.

Unten: Auch die Smaragdeidechse ist in klimatisch begünstigten Lebensräumen mit reichlich Holz- und Steinstrukturen zu Hause.

Noch heller und trockener ist es in natürlichen Schwarzföhrenwäldern. Denn die finden wir auf felsigen Steilhängen des südöstlichen Wienerwalds. Als wertvoller Forstbaum wird die wärmeliebende, sonst aber anspruchslose Schwarz-Föhre allerdings seit Jahrhunderten in einem viel größeren Gebiet gepflanzt. Die Eiszeit hat diese Art nur an einigen zersplitterten Stellen rund um das Mittelmeer überdauert und konnte sich seither von dort nur unwesentlich ausbreiten. Das nördlichste dieser Reliktvorkommen liegt zwischen Wien und dem Schneeberg. Tatsächlich vermitteln diese Nadelbäume mit den von starken Ästen getragenen Schirmkronen einen südländischen Eindruck.

Als Blaugras-Schwarzföhrenwald wird diese auf Karbonatgesteinen heimische Gesellschaft bezeichnet. Ihre Begleitgehölze sind vor allem die Felsenbirne und die Mehlbeere. Die blühen so wie das Blaugras, die Österreichische Schwarzwurzel oder die Herzblättrige Kugelblume früh im Jahr, um der sommerlichen Trockenheit ihres kargen Bodens auszuweichen. Bereits im März erblühen die Zwergstrauchbestände der Schneeheide. An etwas tiefgründigeren Stellen entfalten im Mai Berberitze und Strauch-Kronwicke ihre leuchtenden Blütenstände im Unterholz.

Ende Mai blüht die wohl seltenste und kostbarste Pflanzenschönheit des Wienerwalds, die Mödlinger Feder-Nelke. Ihre blau bereiften Polster mit den rosa Blüten sind nur auf einigen Felsen am Anninger und in

Schwarzföhrenwälder kennzeichnen die Felsenstandorte, aber auch viele Forste des Karbonat-Wienerwaldes. Unter ihrem Schirm entfalten Mehlbeeren und Felsenbirnen im April ihre Blätter.

Oben: Die Felsenbirne blüht bereits vor dem Laubaustrieb.

Mitte: Die Österreichische Schwarzwurzel nützt mit ihrem raschen Austrieb die vom Winter verbliebene Feuchtigkeit an ihrem trockenen Platz.

Unten: Die Herzblatt-Kugelblume bildet ihre Polster auf Kalkfelsen vom Tiefland bis ins Gebirge.

Oben: Besonders über Dolomit wächst die Schneeheide im Föhrenwald und blüht bereits im Spätwinter.

Mitte: Im Frühling blüht im Dolomit-Föhrenwald Buchs-Kreuzblume und das seltene Steinröserl.

Unten: Auch die Strauchkronwicke ist ein Begleiter trockenwarmer Wälder.

Oben: Die Mödlinger Feder-Nelke ist eine botanische Kostbarkeit. Das häufige Kalk-Blaugras ist Ende Mai bereits verblüht.

Links: Nur am Anninger ist diese Unterart zu finden.

der Mödlinger Klause zu finden. So wie die Schwarz-Föhre dürfte auch die Feder-Nelke die Eiszeiten nur in versprengten Gruppen am Alpenrand überdauert haben, die sich durch ihre Isolation zu verschiedenen Unterarten entwickelten. Von solchen endemischen Pflanzen und Tieren, wie diese auf kleine Gebiete zusammengedrängten Klimaflüchtlinge genannt werden, gibt es in den Alpen und besonders an deren Rändern hunderte Arten. Immer sind sie eine bereichernde Besonderheit einer Region – wie Minderheiten in einer menschlichen Gesellschaft.

Rechts: Ein Bote aus dem Mittelmeerraum ist die Mauereidechse. Bei uns lebt sie an besonders sonnigen Waldrändern, wo sie bei der Jagd nach Insekten mühelos an senkrechten Felsen klettert.

Unten: Farbenprächtig glänzt auch der Feld-Sandlaufkäfer, der im Gegensatz zu großen Laufkäfern ausgezeichnet fliegen kann.

Die trockenwarmen Felsenstandorte natürlicher Schwarzföhrenbestände beherbergen trotz ihrer Kargheit außer interessanten Pflanzen auch viele Tiere. Da kann man die flinken, metallisch glänzenden Sandlaufkäfer bei der Jagd nach anderen Insekten beobachten. Die am Mittelmeer beheimatete Mauereidechse erreicht hier die Nordgrenze ihrer Verbreitung. An sonnseitigen Felshängen mit lockerem Gehölzbestand findet dieses schlanke Kriechtier zusagende Bedingungen. Im Gegensatz zu allen anderen heimischen Reptilien hält es keine durchgehende Winterruhe und ist oft an milden winterlichen Tagen beim Sonnenbaden oder bei der Jagd nach Spinnen zu beobachten.

Natürliche Felsabbrüche und stillgelegte, nicht verfüllte Steinbrüche des südöstlichen Wienerwalds bieten in überdachten Nischen Horst-

Links: Der Wanderfalke, früher als schneller Vogeljäger verfolgt, leidet heute eher unter Störungen durch Kletterer an potenziellen Horstfelsen.

Unten: Auch der Uhu, unsere größte Eule, ist auf ungestörte Felsnischen als Horstplatz angewiesen.

Seite 100 oben: Wo man sie lässt, entstehen je nach den wechselnden Standorten verschiedenste Waldgesellschaften.

Seite 100 unten: Lichter Schwarz-Föhrenbestand bei der Goldenen Stiege bei Mödling

Seite 101 oben: Mächtige Trauben-Eichen im Lainzer Tiergarten

Seite 101 unten: Alter Buchen-Eichenmischwald mit Gelbem Hartriegel im Naturpark Sparbach

plätze für den Uhu und den Wanderfalken. Hier und in den Engtälern des Waldviertels überlebte unsere größte Eule ihr Bestandstief vor fünfzig Jahren. Seit sie nicht mehr verfolgt wird, bereichert sie die Vogelwelt des Hügellandes, ist aber wegen ihrer nächtlichen Lebensweise nur selten zu entdecken. Während der Uhu von Mäusen und Igeln bis zu Krähen und Greifvögeln alles erbeutet, was er findet, ist der Wanderfalke ein spezialisierter Vogeljäger. Und weil er ins Beuteschema des viel größeren Uhus passt, wird er zu diesem auf Distanz bleiben. Beide Arten beanspruchen große Reviere und sind daher von Natur aus selten. Die größte Gefahr für diese imposanten, aber störungsempfindlichen Tiere sind derzeit Kletterer. Naturverständige Sportler und ihre Vereine erkundigen sich deshalb bei Vogelschutzverbänden und meiden zur Brutzeit jegliche Aktivität an Horstfelsen.

WIESEN UND WEIDEN

Leben im Kräuterdschungel

Seiten 102–103: Gut gepflegte, dabei aber nicht überdüngte Wiesen und Weiden gehören zu den größten Naturschätzen des Wienerwalds. Im April blühen bei Nöstach Traubenhyazinthen.

Unten: Wo nach alter Tradition nicht öfter als zweimal im Jahr gemäht wird, wie hier bei Forsthof, sind neben Hahnenfuß und Geflecktem Knabenkraut zahlreiche Wiesenblumen und noch mehr Tierarten zu entdecken.

Der Wienerwald gilt in der Fachwelt als eine der schönsten Wiesenlandschaften Europas. Obwohl nur 12 Prozent der Wienerwaldfläche Wiesen sind, waren besonders diese mit ihrer Vielfalt und ihrem Artenreichtum ausschlaggebend für die Erennung und internationale Anerkennung als Biosphärenpark im Jahr 2005. Denn nach den Vorgaben der UNESCO werden damit nur wertvolle Kulturlandschaften ausgezeichnet, also vom Menschen – insbesondere von einer kleinteiligen Landwirtschaft – gestaltete Regionen, die für die Biodiversität ebenso wichtig sind wie Wildnisgebiete. Deren herausragende Schönheit und ökologische Wertigkeit zu bewahren, zählt zu den wichtigsten Aufgaben eines Biosphärenparks.

Blumenwiesen sind mit ihrem reichen Kleintierleben wohl das ansprechendste Beispiel eines glücklichen Zusammenwirkens von Mensch und Natur. Im Gegensatz zu Wäldern, die in der Regel umso artenreicher und schöner sind, je wilder und menschenferner sie wachsen, bedürfen Wiesen einer regelmäßigen Pflege und Ernte. Sie sind die Futterbasis für alle grasfressenden Haustiere und das Werk vieler Generationen von Bauern. Deren Wirtschaftsweise prägt ihren Zustand. Erst die Erfindung der Sense vor tausend Jahren erlaubte die Erzeugung von Heu in großem Stil als nahrhaftes Winterfutter für das Vieh. Und sie ließ die Mähwiesen entstehen, wie sie uns heute so vertraut sind. Die Mahd wirkt sich auf die Zusammensetzung des Pflanzenbestandes anders aus als das selektive Abbeißen der schmackhafteren Arten durch weidende Tiere. Das Mähen mit Maschinen hat daran prinzipiell nichts geändert, wohl aber das Düngen.

Die regelmäßige Düngung der Wiesen begann erst mit der Spezialisierung und Intensivierung ab der Mitte des 20. Jahrhunderts. Jeder Sack Kunstdünger oder Kraftfutter erhöht über Jauche und Mist den Umsatz an Nährstoffen und treibt das Wachstum der Wiesen an. Wurde früher meist zweimal im Jahr gemäht, sind es heute bis zu fünf oder sechs Schnitte. Auch der Umstieg der Futterkonservierung von der Heutrocknung auf Gärfutter in gepressten Siloballen fördert eine immer frühere Mahd. Unter solchen Bedingungen können nur mehr wenige Pflanzenarten überleben und regenerieren. Auf diese Weise nähert sich die einst so artenreiche Wiese einer Monokultur. Sie bringt zwar höhere Erträge, hat aber ihre paradiesische Vielfalt und Schönheit verloren.

Obwohl auch im Bereich der Landwirtschaft die vielfältigen Funktionen einer Landschaft allmählich bewusst werden, beherrscht das einseitige Ertragsdenken noch immer die Politik der Interessenvertreter und Berater. Im Wienerwald hat diese Intensivierungswelle und der mit ihr einhergehende Ökosystemzerfall weniger tiefe Spuren hinterlassen. Weder das hügelige Gelände noch die kleinbäuerliche Besitzstruktur waren dafür besonders geeignet. Vielleicht trug auch die Nähe der Stadt zu mehr Kontakten von Bauern mit Konsumenten bei, welche die besondere Qualität naturnah erzeugter Lebensmittel schätzen. Der Titel „Biosphärenpark" ist die Anerkennung einer verantwortungsbewussten Landbewirtschaftung und zugleich ein Ansporn, diese Kulturlandschaft in ihrer Besonderheit wertzuschätzen, zu pflegen und zu entwickeln. Hier sollte eine ganze Region vorzeigen, dass eine naturfreundliche Wirtschaft auch Bauern langfristig ein gutes Leben ermöglicht.

Pferdeweiden und lebende Zäune prägen das freundliche Grünland bei Nöstach.

Oben: Vor dem Zeitalter der Motorisierung wurde viel Futter für die Wiener Pferde erzeugt. Heute nutzen zahlreiche Reitpferde das Grünland.

Rechts: Auch kleine Weiden am schattenden Waldrand werden von glücklichen Tieren genutzt.

Bis vor hundert Jahren war Heu ein wichtiges Erzeugnis des Wienerwalds als „Treibstoff" für die Wiener Pferde. Ende des 19. Jahrhunderts gab es in der großen Hauptstadt 100.000 Pferde für Personen- und Lastentransporte und das Militär. Da über Jahrhunderte das Heu nach Wien geliefert wurde, der Mist der Tiere aber nicht wieder zurück, entstanden im Wienerwald vielerorts prächtige Magerwiesen. Erst mit dem Ersatz der Pferde durch Bahn und Auto wurden viele Bauern im Wienerwald zu Rinderhaltern. Heute gibt es auch viele Schafherden, immer mehr Betriebe erzeugen Milch- und Fleischpro-

Oben: Echte und Hohe Schlüsselblumen mischen sich unter das frische Frühlingsgras.

Links: Im südwestlichen Wienerwald, etwa bei Klein-Mariazell, gibt es wieder rinderhaltende Betriebe in Streulage.

dukte von Weiderindern und -lämmern. Inzwischen ist wieder Heu als Pferdefutter gefragt, und weidende Pferde sind ein vertrautes Bild im Wienerwald. Der Reitsport wird immer beliebter, viele Bauern stellen Pferde ein oder bauen Reitställe, sodass es im Wienerwald die größte Pferdedichte von Österreich gibt.

Heubörsen und Einrichtungen zur Direktvermarktung sind für Erzeuger und Verbraucher vorteilhaft, fördern das gegenseitige Verständnis und die Wertschätzung der Bauernarbeit. Das sind wichtige Schritte zur

Rechts: Struktur- und artenreiches Grünland ist mit Ertragsmaximierung unvereinbar und bedarf ökologisch ausgerichteter Förderungen.

Unten: Hecken sind schöne, billige und naturfreundliche Alternativen zu künstlichen Zäunen.

Erhaltung artenreicher Wiesen und Weiden. Denn diese sind von der Nutzungsaufgabe ebenso bedroht wie von der Ertragsmaximierung. Solange sich die Weidehaltung oder Futtergewinnung wirtschaftlich lohnt, bleibt Grünland erhalten. Sobald es nicht genutzt wird, wird es aufgeforstet oder entwickelt sich von selbst zu einem Wald. Nur wenn Konsumenten naturnah oder biologisch gewachsene Lebensmittel schätzen und kaufen, können Landwirte auf Dauer den Verlockungen industriegesteuerter Beratungen widerstehen und neben dem Ertrag vermehrt auf die Qualität ihrer Produkte und deren Entstehung achten.

Es gehört im Naturhaushalt zu den wesentlichen Aufgaben der Pflanzen, dass sie Nahrung für andere sind. Die Nahrungsbeziehungen in jedem Ökosystem haben ihre breite Basis in den Pflanzen. Denn nur sie vollbringen das Wunder, mit Hilfe des Lichts und des Blattgrüns

Oben: Die Naturnähe vieler Wiesen ist ausschlaggebend für die internationale Anerkennung des Wienerwaldes als Biosphärenpark.

Links: Grüne Pflanzen sind die Basis aller Nahrung für Tier und Mensch.

anorganische Stoffe zu organischen zusammenzubauen, Totes in Lebendes zu verwandeln, von dem sich in mehreren Stufen alle Tiere, Menschen und abbauenden Organismen ernähren.

Auch ökologische Beziehungen müssen allen Partnern nützen, wenn sie von Dauer sein sollen. So sorgen Großpflanzenfresser als Wild- oder Haustiere durch Beweidung oder Futtergewinnung für die Erhaltung offenen Grünlands, das wiederum einen geeigneten Standort

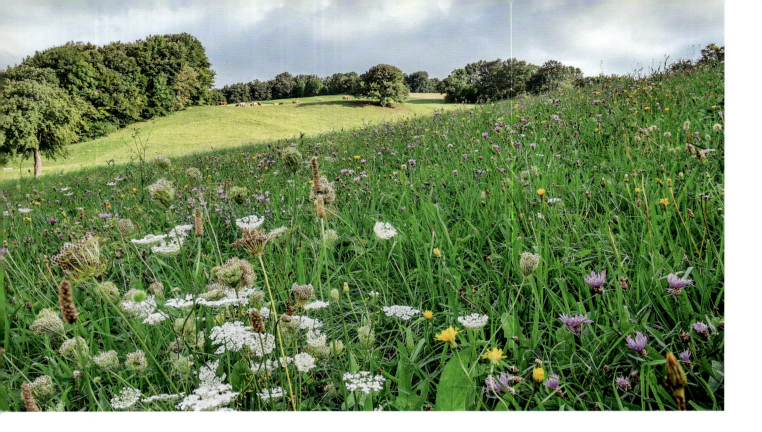

für lichtbedürftige Gräser und Kräuter darstellt. Diese haben ihrerseits Methoden entwickelt, Beweidung, Betritt und Mahd zu überleben. Bodennahe Blattrosetten und Knospen ermöglichen vielen Gräsern und Wiesenblumen, etwa Margeriten und Schafgarben, Wiesen-Glocken-, Flocken- oder Witwenblumen einen raschen Neuaustrieb. Andere Pflanzen, wie Traubenhyazinthen und manche Orchideen, blühen dank unterirdischer Speicherorgane früh im Jahr und sind zur ersten Mahd bereits reif, die deshalb nicht vor der Sonnwendzeit erfolgen sollte. Gegen zu starke Beweidung wehren sich Disteln, Karde oder Hauhechel mit Dornen, Adonisröschen, Kuhschellen und Herbstzeitlosen mit Giften, viele Lippenblütler oder Doldengewächse mit ätherischen Ölen, deren Geschmack viele Tiere verschmähen.

So kommt es, dass Wiesen und Weiden verschiedene Pflanzengesellschaften beherbergen, die sich je nach Untergrund, Wärme und Feuchtigkeit sowie nach Beweidungsrhythmen oder Schnittzeitpunkten unterschiedlich entwickeln. Generell fördert eine extensive Bewirtschaftung den Artenreichtum. Deshalb gleichen sinnvolle Naturschutzförderungen den verminderten Ertrag aus. Einzelne Bäume, blühende Heckenzüge und Waldränder erhöhen ebenfalls den ökologischen Wert von Wiesen und Weiden. Dorthin können auch viele Tiere während der Mahd ausweichen. Drosseln und Greifvögel, vielerlei Insekten und Fledermäuse brauchen für Ernährung, Nestbau oder einzelne Phasen ihrer Entwicklung unterschiedliche Lebensräume. All diese Strukturelemente erhöhen neben der Biodiversität auch den Erholungswert, die Schönheit und Unverwechselbarkeit einer Landschaft.

Seite 110 oben: Flockenblumen, Möhren und andere Rosettenpflanzen wachsen schnell nach, wenn sie einmal abgebissen oder gemäht werden.

Seite 110 unten: Das Breitblättrige Knabenkraut wächst in Feuchtwiesen, die wenig gedüngt werden.

Oben: Wiesen-Salbei wird wegen seines herben ätherischen Öls nicht allzu gerne abgeweidet. Die Larve der Schaumzikade saugt davon unbeeindruckt in ihrem schützenden Schaumnest an der Pflanze.

Mitte: Eine Sandbiene findet Nahrung und Schutz in der Wiesen-Glockenblume.

Unten: Dank ihrer Größe und Behaarung kann die Dunkle Erdhummel auch bei kühler Witterung Blüten der Herbstzeitlosen besuchen.

Oben: Der Wachtelweizen-Scheckenfalter saugt gerne am Wiesen-Bocksbart und anderen Korbblütlern.

Mitte: Auch mancher Käfer wie der Gefleckte Schmalbock sucht seine Nahrung auf Blüten. Seine Larven entwickeln sich in morschem Laubholz.

Unten: In Walddickungen horstet der Sperber. Auf seiner Jagd nach Kleinvögeln streicht er oft auch über Wiesen.

Oben: Eine vielfältige Landschaft beherbergt auch reichhaltige Lebensgemeinschaften.

Links: Die Durchdringung von Wald und Offenland fördert den Artenreichtum, denn viele Tiere brauchen beide Lebensräume.

Mit Fett- und Magerwiesen unterscheiden wir nur sehr grob die von Natur aus in Tallagen reichlich und an Oberhängen spärlicher mit Wasser und Nährstoffen versorgten Wiesen. Dazu kommen noch die Feuchtwiesen und Trockenrasen, die naturkundlich besonders reichhaltig, aber leider unwirtschaftlich und deshalb sehr stark gefährdet sind. Fachleute haben im Wienerwald über 20 Wiesentypen beschrieben und nach den vorherrschenden Gras- und Kräuterarten benannt.

Oben: Wollgras, Grau-Distel und Breitblättriges Knabenkraut kennzeichnen die Spitzbauernwiese bei Alland als Sumpfwiese, wie sie aus vielen Landschaften nahezu verschwunden sind.

Rechts: Die geschützte Pracht-Nelke findet man selten in feuchten Fettwiesen.

Glatthaferwiesen sind im Wienerwald am häufigsten und zählen zu den eher fetten, das heißt nährstoffreichen Gesellschaften. Ihre auffälligsten Blumen sind Wiesen-Flockenblume, Margerite und Wiesen-Bocksbart. Zeigerpflanzen für wechselfeuchte Glatthaferwiesen sind Herbstzeitlose und Knollen-Mädesüß.

Oben: Eine Glatthaferwiese bei Dornbach mit Pannonischer Kratzdistel, Witwen- und Flockenblumen

Links: Das Knollen-Mädesüß zeigt wechselnde Feuchtigkeit an.

Trespenwiesen, benannt nach der Aufrechten Trespe, sind deutlich schütterer, dafür noch bunter und wachsen auf eher mageren, kalkreichen Böden. Die hohen Blütenstände von Wiesen-Salbei und Kartäuser-Nelke verzaubern im Juni diese Wiesen mit einem farbigen Hauch, der auch von weitem zu sehen ist. Bis zu 100 verschiedene Pflanzen-

Oben: Die Aufrechte Trespe überragt mit anderen Gräsern Schopf-Kreuzblumen, Wiesen-Salbei und Esparsette.

Rechts: Auf dem Trauben-Geißklee, der beim Trocknen schwarz wird, labt sich ein Schachbrettfalter.

arten sind auf solchen Wiesen gezählt worden. Auch der Reichtum an Insekten ist bemerkenswert. Der Schachbrettfalter liebt diesen durchsonnten kleinen Dschungel ebenso wie Goldschrecke, Warzenbeißer und viele andere Heuschrecken.

Oben: Auf der seltenen Pannonischen Platterbse geben sich Senfweißlinge ein Stelldichein.

Mitte: Auch häufige Tiere wie der Gemeine Grashüpfer brauchen giftfreie und nicht zu oft gemähte Wiesen.

Unten: Der auf Magerwiesen angewiesene Warzenbeißer zählt bereits zu den gefährdeten Arten.

Oben: Das Fünffleck-Widderchen lebt auf Kalkmagerrasen. Seine Raupen entwickeln sich ausschließlich auf Schmetterlingsblütlern.

Mitte: Der Heilziest wächst auf etwas feuchten Magerwiesen. Eine Ackerhummel saugt Nektar aus seinem Kelch und trägt in ihrem Haarkleid Pollen zur nächsten Blüte.

Unten: Das Weißbindige Wiesenvögelchen ist einer der vielen Schmetterlinge, deren Raupen an Gräsern fressen.

Seite 119 oben links: Die Adriatische Riemenzunge wächst wie fast alle Orchideen an Rändern, wo nicht gedüngt wird.

Seite 119 oben rechts: Die Große Sommerwurz schmarotzt auf den Wurzeln der Skabiosen-Flockenblume.

Seite 119 unten links: Nur in Magerrasen kann sich das kleine Brand-Knabenkraut behaupten.

Seite 119 unten rechts: Das Dreizähnige Knabenkraut ist eine Seltenheit nährstoffarmer Wiesen.

Reiches Heideland

Trockenrasen sind die artenreichsten Lebensräume unserer Heimat. Das mag paradox klingen, zeigt aber einmal mehr, dass wir Menschen mit unserer Überbewertung der Massenproduktion falsch liegen. Das Leben nützt die Wärme dieses Lebensraums und beantwortet den Mangel an Feuchtigkeit und Nährelementen mit einer Flut verschiedener Anpassungen. Die verschwenderische Fülle prächtigster Blumen ist ein sinnfälliger Ausdruck für den

Rechts: Auf Trockenrasen blühen bereits im März Kuhschellen und schmecken dem gleichfalls giftigen Ölkäfer.

Unten: Zwerg-Schwertlilien leuchten in violetten bis gelben Farben.

Erfindungsreichtum, mit dem die Natur auch unter kargen Bedingungen ein Leben in Fülle ermöglicht.

Zwerg-Schwertlilien und Kuhschellen läuten den Frühling ein. In der winterlich fahlen Umgebung leuchten ihre Blüten noch intensiver und locken eben erwachte Insekten an. Bald danach öffnen sich die gelben Sonnen vom Frühlings-Adonisröschen. Auf Schritt und Tritt begegnet der aufmerksame Wanderer nicht alltäglichen Pflanzenschönheiten, etwa dem Gelben und dem Feinblatt-Lein, der Kugel-Teufelskralle und der

Links: Wie Sonnen strahlen die Blüten vom Frühlings-Adonisröschen, die sich bei nassem Wetter schließen.

Unten: Die blühenden Büsche der Felsenbirne verwandeln die Heide in einen leuchtenden Garten.

Oben: Federgräser und Diptam schmücken eine Blöße im Flaum-Eichenwald.

Rechts: In der Diptamblüte sonnt sich die Larve einer Zartschrecke.

Silberscharte, Zwergsträuchern wie dem Regensburger Geißklee und dem Steinröserl. An Waldsäumen stehen Steppen-Windröschen und Diptam vor den niederen Büschen der Schlehen und Bibernell-Rosen. In der höher und grüner werdenden Wiese sind Orchideen wie das Brand-Knabenkraut oder die Hummel-Ragwurz immer ein besonderer Fund. Bereits im Juni reifen die Früchte der Federgräser und kleiden mit ihren langen, bewimperten Grannen die Steppe in einen weißen Schleier, den der Wind allmählich verweht. Diese Gewächse nutzen die kostbare Feuchtigkeit, die der Winter hinterlassen hat, reifen früh und verdorren dann.

Oben: Eine Felsen-Kuckuckshummel ernährt sich auf dem großen Blütenkorb der Weichen Silberscharte.

Mitte: Der Hartheu-Spanner versenkt seinen ausgerollten Rüssel in die Blüte der Rundkopf-Teufelskralle.

Unten: Nicht Hummeln fallen der Hummel-Ragwurz, einer Sexualtäuschblume, herein, sondern Langhornbienenmänner. Beim Kopulationsversuch werden ihnen die beiden gelben Pollinien an den Kopf geklebt.

Andere Pflanzen blühen auch in der Trockensteppe im Sommer. Mit weit verzweigten Wurzeln oder wasserspeichernden Zwiebeln schützen sie sich ebenso gegen Austrocknung wie durch schmale oder behaarte Blätter. Die Graslilie kann kniehohe Bestände bilden, die sich im Hochsommer mit unzähligen weißen Blütensternen schmücken. Dazwischen erheben sich die dunkelvioletten Köpfe des Kugel-Lauchs oder die lockeren Dolden vom Gelben Lauch. Im September beschließen die letzten Duft-Skabiosen, Berg- und Goldschopf-Astern den Reigen leuchtender Heideblumen.

Hunderte Pflanzenarten, darunter zahlreiche Raritäten, lassen den Blumenfreund nicht mehr aus dem Staunen herauskommen. Die Zahl der Tiere geht aber in die Tausende. Vor allem bei den Gliederfüßern findet man eine Formenfülle, die nur Spezialisten für Heuschrecken oder Hautflügler, Käfer, Zikaden und andere Gruppen einigermaßen überblicken können.

Wer sich einem kundigen Menschen anschließt, etwa bei einer geführten Exkursion oder dem alljährlichen Tag der Artenvielfalt, wird staunen, was der alles findet, aber auch selber immer mehr entdecken. Denn mit der Zeit schärfen wir mit wachsendem Interesse unsere

Seite 124: Die Perchtoldsdorfer Heide, der größte Trockenrasen des Wienerwaldes, schimmert im Juli von den Blütensternen der Rispen-Graslilie.

Oben links: Eine Seltenheit der Kalk-Felssteppen ist die Dalmatinische Lotwurz.

Oben rechts: Der Schlangen-Lauch entwickelt neben Blüten auch Brutzwiebeln zur vegetativen Vermehrung.

Oben: Heideschnecken überstehen sommerliche Trockenperioden verkapselt in luftiger Höhe.

Mitte: Die seltene, in Mitteleuropa auf Wärmeinseln beschränkte Borstige Dolchwespe bevorzugt blaue Blüten wie den Kugel-Lauch.

Unten: Eine Karden-Sonneneule, ein tagaktiver Nachtschmetterling, saugt am Steppen-Salbei.

Oben: Im Blumenreichtum der Perchtoldsdorfer Heide und anderer Trockenrasen verbirgt sich eine vielfache Zahl von Tierarten.

Links: Eine Veränderliche Krabbenspinne lauert auf der Pannonischen Kratzdistel blütenbesuchenden Insekten auf.

Aufmerksamkeit und Wahrnehmung. Auf Trockenrasen können wir das besonders gut trainieren, weil die Tierwelt hier nicht nur extrem artenreich, sondern in der niederen Vegetation zugänglich, wenn auch oft verborgen ist.

Manche Tiere präsentieren sich aber geradezu, etwa blütenbesuchende Insekten auf den Blumen, ebenso dort auch mancher kleine Jäger, der auf sie lauert, etwa eine Krabbenspinne. Manche Schnecken suchen in heißen Trockenzeiten hohe Stängel auf und warten an diesem luftigen Ort in ihrem verschlossenen Gehäuse auf den nächsten Regen.

In einem Radnetz wartet die Wespenspinne auf Heuschrecken und andere Insekten.

Von Schnecken und Spinnen bis zu Insektenordnungen wie Netz- und Hautflüglern, Heuschrecken, Wanzen und Schmetterlingen – in jeder Tiergruppe finden wir schöne oder skurrile, auffallende oder perfekt getarnte Formen. Und jede der tausenden Arten hat eine andere Lebensweise, um Konkurrenzsituationen auszuweichen. Andererseits vernetzen sich alle Arten durch Jagen und Gejagtwerden zu dem wichtigen Beziehungsgefüge der Nahrungsketten und -pyramiden, in denen ökologische Gleichgewichte entstehen und keine Art überhandnimmt oder eine andere gefährdet.

Daher sollten wir uns bewusst sein, dass die Bestimmung einer Art und ihre Zuordnung in eine systematische Tiergruppe mehr ist als ein einseitiger Schubladkasten. Denn dabei erfahren wir auch etwas über Verbreitung, Lebensraum und Lebensweise. Die prächtige Wespenspinne zum Beispiel ist nicht nur eine mediterrane Radnetzspinne. Sie ist außerdem eine jagende Art, die mit ihrem starken Fangnetz vor allem in trockenen Wiesen häufige Feldheuschrecken erbeutet. Und sie passt ins Beuteschema von Drosseln und anderen Vögeln, die ihr raffiniertes Wespenkleid manchmal durchschauen. Interessant ist auch, wie diese große Spinne ihre Überwinterungsstrategie mit Brutfürsorge verbindet. Dazu spinnt das Weibchen nach der Paarung im Spätsommer nussgroße Kokons um ihre Pakete von etwa 300 Eiern. In dieser geschützten Kammer überwintern die im Herbst geschlüpften Jungspinnen und befreien sich erst Ende Mai daraus, um in drei Monaten erwachsen zu werden. Nur wenige kommen zur Fortpflanzung, denn von Schlupfwespenlarven im Kokon bis zu jagenden Insekten, Eidechsen oder Vögeln lauern ständig Gefahren.

Von den hunderten Spinnenarten der Trockenrasen, deren jede ihre eigene Fortpflanzungsbiologie und Jagdtechnik hat, sind die Männchen der Roten Röhrenspinne besonders bunt gefärbt. Auch diese Art ist in Südeuropa zu Hause und lebt nördlich der Alpen nur auf Wärmeinseln.

Boten aus dem Mittelmeerraum sind auch die Gottesanbeterin, eine in warmen Regionen inzwischen häufige Fangschrecke, sowie die Sägeschrecke, unsere größte Heuschreckenart, die extrem selten ist. Nördlich der Alpen kommt sie nur an wenigen Stellen im Wallis und in Niederösterreich vor. Trotz seiner Länge von 12 cm findet man das schlanke grüne Tier nur schwer, wenn es in höherer Vegetation geschickt, aber langsam klettert oder unbeweglich auf andere Insekten lauert.

Heuschrecken gehören in ihrer bunten Vielfalt ebenso wie Blumen zum Bild sommerlicher Wiesen. Aber beide verschwinden mit zunehmender Düngung und Mähhäufigkeit. In Extensivwiesen und Trockenrasen singen und springen sie wie kleine Kobolde im Gras. Ihre Namen, etwa Grünes Heupferd, Zartschrecke, Nachtigall-Grashüpfer oder War-

Oben: Im Blütenstand vom Gelben Lauch sitzt eine Gottesanbeterin. Ihre mit einer Kralle ausgestatteten Vorderbeine werden zum Fangen wie zum Klettern eingesetzt.

Mitte: Die Sägeschrecke ist unsere größte, aber auch seltenste Heuschrecke, die geschickt in der Steppenvegetation klettert.

Unten: Die Rote Röhrenspinne lebt an warmen, lückig bewachsenen Plätzen. Nur die 1 cm großen Männchen sind so prächtig gefärbt.

Oben: Der wärmebedürftige Esparsetten-Bläuling findet auch noch in der herbstlichen Heide an späten Blumen wie der Goldschopf-Aster Nahrung.

Mitte: Der Silbergrüne Bläuling ist als Charakterart basischer Magerrasen gefährdet – wie sein oft als „Ödland" abgewerteter Lebensraum.

Unten: Berg-Astern locken mit ihren leuchtenden Blüten die ebenso prächtig gefärbte Goldene Acht.

Oben: Wildrosen und andere Büsche bieten auf der Perchtoldsdorfer Heide vielen Tieren Nahrung und Nistplätze.

Links: Neuntöter bauen in Dornsträuchern ihr Nest und nutzen deren Zweige als Sitzwarten bei der Jagd nach Insekten.

zenbeißer, lassen bereits etwas vom Formen- und Erlebnisreichtum ahnen, den allein diese Tiere dem Naturfreund schenken, sobald er sich ihnen mit offenen Augen und Ohren zuwendet. So manche andere Tiergruppe ist in der lange als ‚Ödland' verkannten Heide mit überraschend vielen Arten vertreten. Zahlreiche Wildbienen, Zikaden und Schmetterlinge sind auf bestimmte Pflanzen als Nahrung spezialisiert. Deshalb ist ein artenreicher Pflanzenbestand immer mit einer weit höheren Zahl von Tierarten verbunden.

Rechts: Der Weiße Waldportier fliegt auf Trockenwiesen in Waldnähe. Nur selten breitet er seine Flügel und zeigt ihre schön gezeichnete Oberseite.

Unten: Ziesel mögen dagegen niedrige Vegetation, die einen weiten Überblick über ihr Gelände erlaubt.

Waldsäume mit Totholz, einzelne Büsche und Bäume in der Wiese reichern zusätzlich die Landschaft mit Strukturen an, die vielen weiteren Arten nützen können. Freibrütende Vögel wie Neuntöter und Grasmücken nisten in niederen Sträuchern, sammeln aber ihre Nahrung auf insektenreichen Freiflächen. Die Raupen vom Segelfalter entwickeln sich am Schlehdorn, jene vom Zitronenfalter am Kreuzdorn, während die erwachsenen Schmetterlinge ihre Nektarnahrung auf Blumenwiesen suchen.

Solche Mosaike unterschiedlicher Lebensräume sind es, welche traditionelle Kulturlandschaften besonders schön und wertvoll machen. Dass diese Verzahnung nicht zu engmaschig werden soll, lehren uns die Ansprüche der Ziesel. Diese possierlichen, unterirdisch wohnenden Steppentiere haben ihre einzige Kolonie im Wienerwald auf der Perchtoldsdorfer Heide. Da sie, ähnlich den Murmeltieren im Gebirge, wachsam nach Hunden, Füchsen und Greifvögeln Ausschau halten müssen, brauchen sie einen Überblick über weithin niedrige Vegetation. Die wird hier auf Dauer nur durch Beweidung und regelmäßige Entbuschung aufrechterhalten.

Oben: Selbst in Wien gibt es zum Beispiel am Nussberg Reste von Trockenrasen mit Trauben-Geißklee und vielen anderen Bewohnern dieses Lebensraums.

Links: Am Heberlberg müssen Felsenbirnen und andere Gehölze periodisch ausgelichtet werden, weil die Beweidung fehlt.

Die biologisch so überaus reichhaltigen Trockenrasen sind in dieser Ausdehnung und Ausprägung eine Kostbarkeit des Pannonikums im Osten von Österreich. An der Thermenlinie gibt es sie in der größten Dichte. Ursprünglich säumten sie von Döbling bis Bad Vöslau als nahezu lückenlose Kette den Alpenostrand. Zu Recht empfinden wir solche ehemaligen Hutweiden als Vorposten der kontinentalen Trockensteppen Osteuropas. Doch sie sind zum größten Teil sekundäre Lebensräume, die durch Rodung lichter Trockenwälder entstanden und durch Beweidung erhalten blieben. Rinder und Pferde wurden als Weidetiere in den Notzeiten des 20. Jahrhunderts von Ziegen zur Selbstversor-

Oben: Der Heberlberg bei Pfaffstätten und andere Heiden gewähren auch Aussichten auf das Wiener Becken.

Rechts: Der Steppen- oder Feinblatt-Lein zählt ebenfalls zu den Pflanzenschönheiten pannonischer Kalktrockenrasen.

gung abgelöst, bis auch diese in der Wohlstands- und Konsumgesellschaft keinen Platz mehr hatten. Während die verwaisten Weiden zunehmend verbuschten, verwaldeten oder verbaut wurden, erkannten immer mehr Naturfreunde und Biologen den Wert und die Besonderheit der Trockenrasen. Ohne deren langjährigen Einsatz wären sie in absehbarer Zeit vollständig verschwunden. Stellvertretend für viele andere seien Friedrich Kasy, Georg Grabherr und Wolfgang Holzner genannt.

Oben: Durch seine vorgeschobene Position überblickt man vom Eichkogel den nördlichen Alpenostrand bis zum Kahlenberg.

Links: Auf der Perchtoldsdorfer Heide und anderen großen Trockenrasen wird die Kulturlandschaft mit ihrem überragenden Artenreichtum wieder durch Beweidung erhalten.

Heute sind zumindest einige der größeren Trockenrasen Naturschutzgebiete, werden beaufsichtigt und wissenschaftlich dokumentiert, von Vereinen und freiwilligen Helfern entbuscht und gemäht – oder im Idealfall wieder beweidet. Jetzt sind es Krainer Steinschafe, welche die Heiden offen und artenreich erhalten. Die größten und bedeutendsten sind die Perchtoldsdorfer Heide, der Mödlinger Eichkogel sowie das Gebiet Heberlberg, Glaslauterriegel und Fluxberg zwischen Gumpoldskirchen und Pfaffstätten.

Durch abschnittsweise Beweidung entsteht ein Mosaik verschieden alter Aufwüchse, um die unterschiedlichen Ansprüche möglichst vieler Pflanzen und Tiere zu erfüllen.

Insgesamt 70 ha Trockenrasen gibt es noch an der Thermenlinie – vor 200 Jahren waren es zwanzigmal so viel. Der Größte ist die Perchtoldsdorfer Heide mit etwa 25 ha, auch sie war einmal achtmal so groß und reichte bis auf die heute bewaldeten Kuppen des Bierhäusel- und Parapluiebergs. Wegen ihres Blumenreichtums und der prachtvollen Aussicht wird sie an manchen Tagen von über 3000 Spaziergängern besucht. Dank unermüdlicher Aufklärung durch den Heideverein wissen immer mehr von ihnen, dass sie sich nicht in einem Park, sondern einem international bedeutenden Naturjuwel befinden, in dem man sich aufmerksam und achtsam bewegt.

Die für Artenschutz und Erholung gleichermaßen unentbehrlichen Mager- und Trockenwiesen sind ohne zusätzliche Hilfen nicht rentabel. Aber der Forstbetrieb der Stadt Wien, das Biosphärenpark-Management, Naturschutzbehörden oder die Österreichischen Bundesforste als größter Grundbesitzer unterstützen zunehmend Pflegeaktionen im Rahmen naturschutzfachlicher Bewirtschaftungspläne. Zahlreiche Vereine – von traditionsreichen wie dem Naturschutzbund oder dem Schöffelverein bis zu jungen Vereinen von Bad Vöslau bis Königstetten – organisieren Entbuschungs- und Mähaktionen, die nicht nur die bunten Wiesen erhalten, sondern auch fruchtbare Begegnungen interessierter Menschen mit der Natur, ihren Bewirtschaftern und ambitionierten Wissenschaftlern ermöglichen.

Oben: Mit den zu 30 cm langen Flugapparaten heranreifenden Grannen prägt das Federgras die Heide im Juni.

Mitte: Ebenfalls im Spätfrühling locken die Blüten vom Blut-Storchschnabel Schenkelbienen und andere Insekten.

Unten: Sehr selten und gefährdet ist die Pannonische Wolfsmilch, obwohl sie üppig blühende Bestände bilden kann.

Seite 138 oben: Solitärbäume machen Wiesen auch im Winter für Tiere und Menschen anziehend.

Seite 138 unten: Den Pferden in Ranzenbach schmeckt das junge Frühlingsgras.

Seite 139 oben: Im lichten Schatten der Eichen bei Nöstach blühen Echte Schlüsselblumen.

Seite 139 unten: Ein kahler Birnbaum und herbstbunte Büsche beleben die Wiesen bei Alland.

WEIN- UND ACKERLAND

Kultur braucht Vielfalt

Angrenzend an die Agrarlandschaften des Tullner und Wiener Beckens gibt es auch im Wienerwald einige ackerbaulich geprägte Landschaften. Während in höheren Lagen die wald- und siedlungsfreien Flächen fast durchwegs Grünland sind, eignen sich besonders die Täler der Großen und Kleinen Tulln, das Gaadener Becken und die Gainfarner Bucht bei Vöslau als Ackerland.

Ähnlich wie bei Wiesen und Weiden bereichern Bäume, Hecken und andere Zwischenstrukturen auch viele Feldlandschaften. Gehölz- und blumenreiche Raine und Wegränder mildern die Auswirkungen der

Seiten 140–141: In der Gainfarner Bucht südlich der Lindkogelgruppe sowie im nordwestlichen Wienerwald begünstigt flaches Gelände anspruchsvolle Kulturen.

Rechts: Wegränder und Raine sind Lebensraum für Klatschnelke, Echtes Labkraut und viele andere.

Unten: Schmale Felder und Zwischenstrukturen beleben das Land in jeder Hinsicht.

konventionellen Landwirtschaft, weil sie pestizidfreie Rückzugsräume und Wanderkorridore für zahllose Pflanzen und Tiere sind. Schmale Grundstücke fördern zudem den Anbau unterschiedlicher Feldfrüchte auf engem Raum. Der ästhetische und ökologische Wert solcher Kulturlandschaftsreste soll im Biosphärenpark mehr als anderswo bewusst gemacht und erhalten oder verbessert werden.

Eine flächenmäßig kleine, aber landschaftlich und kulturhistorisch hochinteressante Sonderkultur ist der Weinbau. Im Norden und Osten, von Sieghartskirchen über Klosterneuburg und Wien bis Bad Vös-

Links: Ufergehölze sind unverzichtbar für lebendige Bäche und Täler.

Unten: Bei Abstetten säumt eine Allee sogar die Bundesstraße 1.

Oben: Bei Gumpoldskirchen lässt die Sonne edlen Wein reifen, während sich am südlichen Gebirge Wolken stauen.

Rechts: Seit vielen Jahrhunderten bringt der Weinbau Wohlstand in die Thermenregion.

lau säumen Weinberge die klimatisch begünstigten Unterhänge des Wienerwaldes am Rand der vorgelagerten Ebenen. Von den Römern begründet, hat der Weinbau im Wienerwald historische Phasen der Blüte und des Niedergangs erfahren. Rund 3000 ha umfassen die Rebflächen im Biosphärenpark. Dieser verschwindend kleine Anteil ist dennoch von großer Bedeutung für Schönheit, Eigenart und Artenreichtum der Landschaft.

Oben: Von den Bergen des Wienerwalds geschützt, breiten sich am Rand von Wien große Weingärten.

Links: Vom Nussberg überblickt man den Alpenostrand mit dem Anninger und rechts im Bild dem Schneeberg.

Weinberge und Heurigenlokale in Grinzing, Nussdorf und anderen Vorstädten Wiens sind Teil der Wiener Wirtshauskultur und Identität. Keine andere Großstadt hat eine so ausgeprägte Weintradition.

Der nördliche Rand des Wienerwaldes ist Teil der Weinbauregion Wagram, die an den Hängen rund um das Tullner Becken angesiedelt ist. Die Thermenregion ist Weinkennern über Österreichs Grenzen

Tulbing und andere Orte am Nordrand des Wienerwaldes gehören zur Weinbauregion Wagram.

hinaus ein Begriff, mit klingenden Namen wie Perchtoldsdorf, Gumpoldskirchen oder Sooß. Die Herstellung von Wein bedarf intensiver Pflegearbeit, vom Weingarten bis in den Keller. Chemische Dünger und Pestizide werden seit Mitte des 20. Jahrhunderts im Weinbau besonders großzügig eingesetzt. Andererseits wird seit längerem beim Wein noch mehr als anderswo die innere Qualität beachtet und bezahlt. So stellen auch Winzer zunehmend auf eine umweltschonende oder gar biologische Produktion um. Der Biosphärenpark zeichnet alljährlich die besten regionstypischen und naturfreundlich erzeugten Weine aus, um die nachhaltige Pflege der Kulturlandschaft zu fördern.

Als Dauerkultur werden Weingärten nur in Rebgassen gelockert oder gemäht. So entsteht ein Mosaik von offenem Boden und unterschiedlichen Besiedlungsstadien mit niedriger Vegetation. Das sind Lebensräume für Heidelerchen, manche Heuschrecken oder Wildbienen, die im Boden nisten. Für den Artenreichtum ist die kleinteilige Struktur der Grundstücke noch bedeutsamer. Je steiler das Gelände, desto engmaschiger werden die Terrassen von Böschungen oder Legsteinmauern gestützt. Letztere bereichern die Landschaft mit Felslebensräumen, die sich mit Mauerraute oder Zimbelkraut schmücken. Für Eidechsen und Schlingnattern sind die wärmespeichernden Steine ebenso wichtig wie die Hohlräume dazwischen, in die sie sich blitzschnell zurückziehen können.

Oben: Die unterschiedliche Bearbeitung von Rebzeilen und Fahrgassen fördert Lebensvielfalt.

Mitte: Offenen Boden brauchen Furchenbienen und andere Hautflügler zum Bau ihres Nestes.

Unten: Legsteinmauern bieten der Zauneidechse und anderen Kriechtieren Lebensraum.

Oben: Als „Ameisenlöwe" baut die Larve der Gefleckten Ameisenjungfer Fallgruben an regengeschützten Stellen.

Mitte: Der seltene Osterluzeifalter ist giftig und trägt eine Warntracht.

Unten: Seine Raupen fressen ausschließlich an der Osterluzei, die gerne auf Weinbergböschungen wächst.

Oben: Hecken, Mauern und andere Randelemente im trockenwarmen Weinbauklima beherbergen zahlreiche interessante Arten.

Links: Zur Brutzeit jagen Stare fleißig Insekten, im Herbst können sie in Schwärmen über Weinbeeren herfallen.

Selten gemähte Böschungen und kleine Trockenrasen auf flachgründigen Böden zaubern die bunte Vielfalt verschiedener Wiesen zwischen die Weinterrassen – mit Gräsern und Blumen, Insekten, Spinnen und den vielen anderen Sonnenkindern. Da fliegt im Frühjahr zum Beispiel der Osterluzeifalter, der ebenso prachtvoll wie selten ist. Sein auffallendes, gelb-schwarzes Muster ist ein Warnsignal, denn er speichert das Gift der Osterluzeipflanze, von der er sich als Raupe ernährt.

Brachfelder sind prachtvolle, aber kurzlebige Lebensräume, zum Beispiel für den Klatsch-Mohn und den selten gewordenen Acker-Wachtelweizen.

Weingärten, Äcker und Wiesen werden manchmal zu Brachflächen. Wenn aus irgendwelchen Gründen Nutzung und Pflege ausbleiben, bildet sich eine besonders bunte Gesellschaft von Ackerbegleitkräutern und Wiesenpflanzen. Zahlreiche interessante Tiere finden hier einen passenden, wenig gestörten Lebensraum. Doch es handelt sich um ein kurzes Pionierstadium, das je nach Wasser- und Nährstoffversorgung in wenigen Jahren von immer dichter und höher werdender Vegetation verdrängt wird. Ohne menschliches Zutun entwickelt sich ein dem Standort gemäßer Wald. Wenn wenigstens alle zwei Jahre gemäht wird, entsteht eine Wiese. Nur eine Öffnung des Bodens mit Pflug oder Fräse schafft neuerlich Raum für die farbenfrohen Erstbesiedler.

Zu den belebenden Elementen einer Kulturlandschaft gehören Hecken, Obst- und andere Bäume, Waldsäume und schützende Waldmäntel. Alle diese Gehölze bereichern das Landschaftsbild. Außerdem finden unterschiedlichste Tiere in ihnen Nahrung und Schutz. Viele sogenannte Nützlinge entfalten von hier aus ihre segensreiche Tätigkeit auf Acker- und Rebflächen. Goldammern und Rotkehlchen nisten beispielsweise versteckt am Boden. Bunt-, Grün- und Grauspecht zimmern in Bäumen ihre Höhlen, die später von Meisen oder Hornissen bewohnt werden, die allesamt große Mengen von Insekten erbeuten. Eidechsen, Blindschleichen und Erdkröten verbringen ihre Ruhezeiten vergraben im Falllaub. Unser größter Schmetterling, das seltene Wiener Nachtpfauenauge, ernährt sich als Raupe vom Laub der Kirschen und anderer Obst-

Oben: Gebüsch mit Schlehen und anderen Gehölzen wird wieder von anderen Tieren bewohnt.

Mitte: Die häufige Mönchsgrasmücke ist im Frühling mit ihrem schmetternden Gesang nicht zu überhören, während die Jungen im verborgenen Nest vom Weibchen betreut werden.

Unten: Im Schutz von Büschen sucht am Boden das Rotkehlchen seine Nahrung.

Oben: Streuobstbäume sind für Schönheit und Vielfalt der Kulturlandschaft unverzichtbar.

Rechts: Das Wiener Nachtpfauenauge, unser größter Schmetterling, lebt als Raupe oft an Obstbäumen.

Seite 153 oben: Kulturlandschaft zeichnet sich durch Vielfalt aus. Talboden bei Mayerling

Seite 153 unten: Dichte Waldsäume schützen Feld, Wald und zahlreiches Leben.

bäume. Auch zur Erhaltung robuster und bewährter, aber oft aussterbender Obstsorten wird die Pflanzung und Pflege solcher Bäume in der offenen Landschaft vom Biosphärenpark-Management unterstützt.

So wie alle Kultur braucht auch die Bodenkultur regelmäßige Arbeit und liebevolle Betreuung. Das spontane Wachstum der Natur soll nicht bekämpft, sondern begrenzt, integriert und gestaltet werden. Das unterscheidet die lebensvolle Kulturlandschaft von der öden Monokultur.

GEWÄSSER

Lebensraum und Landschaftsgestalter

Natürliche Seen gibt es im Wienerwald nicht. Denn Gletscher, die in der Eiszeit in anderen Regionen geeignete Wannen ausschürften und abdichteten, gab es hier nicht. Der Wienerwaldsee bei Pressbaum ist ein künstlicher Nutzwasserspeicher des gestauten Wienflusses. Da sein Wasserspiegel konstant gehalten wird, hat er im Einlaufbereich einen Röhrichtgürtel, in dem sogar Haubentaucher brüten. Als See wird auch ein größeres Stillgewässer im stillgelegten Steinbruch Teufelstein-Fischerwiesen bei Kaltenleutgeben bezeichnet. Er ist wegen seiner vielfältigen Fels- und Feuchtbiotope ein Naturschutzgebiet. Solche der Natur wieder überlassenen Abbauplätze sind als Sekundärlebensräume

Seiten 154–155: Naturnahe Flüsse wie die Schwechat schaffen immer neuen Raum für Erstbesiedler wie die Pestwurz.

Rechts: Ringelnattern leben an amphibienreichen Gewässern.

Unten: Der Wienerwaldsee hat mit seinem konstanten Wasserspiegel eine gut entwickelte Röhrichtzone im Einlaufbereich.

meist weitaus wertvoller als die leider üblichen und sogar behördlich vorgeschriebenen „Rekultivierungen", bei denen die Steinbrüche mit Erde oder Bauschutt verfüllt werden.

Es gibt im Wienerwald aber ebenso natürliche Tümpel und Weiher, meist im Bereich von Bächen. Außer für Libellen sind stehende Gewässer auch für zahllose andere Tiere lebenswichtig, denn in diesen verbringen sie zumindest ihr Larvenstadium. Ein Besatz mit Fischen vermindert allerdings die Eignung als Fortpflanzungsgewässer. Für Erdkröten, Gras- und Springfrösche, die im Vorfrühling die bekannten Wanderungen

Links: Teichfrösche lieben warme Stillgewässer mit Pflanzenwuchs.

Unten: Der ehemalige Steinbruch bei Kaltenleutgeben ist wegen seiner wertvollen Sekundärlebensräume ein Naturschutzgebiet.

Oben: Wo am Talboden ein Bach sein Bett bei einem Hochwasser verlegt, entstehen wertvolle Weiher.

Rechts: Erdkröten spannen in den ersten Frühlingstagen im Wasser ihre Laichschnüre aus.

unternehmen und deren Brut im Juni fertig entwickelt ist, sind Tümpel, die im Sommer trockenfallen, ideal. Denn dort gibt es keine hungrigen Fische und auch nicht die gefräßigen Libellenlarven, weil diese ein ganzes oder mehrere Jahre zu ihrer Entwicklung brauchen. Ringelnattern, Schwimmkäfer und andere dezimieren ohnehin die Scharen der Kaulquappen. Aus ähnlichen Gründen bevorzugen Gelbbauchunken sonnig gelegene Kleinstgewässer, zwischen denen sie den ganzen Sommer über wandern und in denen sie mehrmals ablaichen.

Links: Gelbbauchunken pflanzen sich auch in kleinen Pfützen fort, wo sich ihre Larven rasch entwickeln.

Unten: Kammmolche leben in klaren stehenden Gewässern mit vielen Unterwasserpflanzen.

Auch die Teichfrösche sind stark an Wasserlebensräume gebunden, leben aber in größeren und vegetationsreicheren Stillgewässern. Wichtig sind für diese wärmeliebenden Tiere besonnte Ufer. Dagegen verlassen Molche das Wasser meist nur bei Dunkelheit. Alle drei heimischen Molcharten gibt es im Wienerwald. Unter ihnen ist der Kammmolch der größte und seltenste. Er lebt recht versteckt in nicht zu seichten Weihern mit reichlicher Unterwasservegetation.

Bäche beanspruchen eine vergleichsweise sehr kleine Fläche einer Landschaft. Dennoch sind Fließgewässer weitaus mehr als ein Teil des Wasserhaushalts, in dem sie überschüssiges Niederschlagswasser ableiten. Die Erosions- und Transportkraft des strömenden Wassers hat in langen Zeiträumen die Täler ausgegraben und die Landschaft geformt.

In der Auseinandersetzung mit Untergrund und Pflanzendecke gestaltet die Mödling ihr Bett immer wieder um.

Auch jetzt beobachten wir an unverbauten Bächen nach jedem Hochwasser Veränderungen im Flussbett. Angerissene Ufer und frisch abgelagerte Kiesbänke kennzeichnen die Dynamik von Bächen, die nicht nur auf unser Auge lebendig wirken, sondern tatsächlich von Leben erfüllt sind. Wo Hochwässer die Steine am Grund bewegen und waschen, finden in den Poren dazwischen Fisch- und Insektenlarven, Krebs- und Weichtiere Schutz vor der Strömung.

Die kleinen Bachbewohner entdecken wir erst, wenn wir einige Steine umdrehen. Eintags- und Steinfliegen entwickeln sich am Bachgrund und weiden auf dessen Algen- und Bakterienbewuchs, bevor sie zu ihrem kurzen Erwachsenenleben in den Luftraum starten. Manche Libellen wie die leuchtenden Prachtlibellen oder die weit selteneren Quelljungfern machen es ähnlich, nur lauern sie am Grund auf andere Wassertiere und benötigen mehrere Jahre zur Entwicklung. Im Wasser lebende Insektenlarven sind neben Schnecken und Flohkrebsen die Nahrung der Wasseramsel, die nur an Wildbächen lebt und unser einziger tauchender Singvogel ist. Forellen und die am Bachboden lebende Koppe jagen ebenfalls diese Tiere. Köcherfliegenlarven bauen um ihren Körper eine Röhre aus verklebten Steinchen, die sie einigermaßen schützt.

Krebse haben einen eigenen Panzer und verstecken sich tagsüber in kleinen Höhlen ihres Unterwasserreichs. Der früher so bekannte Bach- oder Edelkrebs ist am Aussterben. Die mit Signalkrebsen aus Amerika

Oben: In langsam strömenden, von Röhricht gesäumten Bächen entwickeln sich die Blauflügel-Prachtlibellen.

Mitte: Die Zweigestreifte Quelljungfer ist eine unserer größten Libellen. Dennoch fliegt sie gerne an kleinen Quellbächen.

Unten: Köcherfliegenlarven befestigen ihren Panzer an Steinen im Bachgrund.

Oben: Durch den Wechsel von Tiefe und Breite, Strömung und Geschiebekorngröße erfüllen natürliche Bäche die Ansprüche vieler Arten.

Rechts: Nur in sehr wenigen Bächen ist der Steinkrebs noch nicht vom eingeschleppten Signalkrebs verdrängt worden.

eingeschleppte Krebspest, eine Pilzkrankheit, hat seine Bestände vernichtet. Daher breitet sich der von Fischern eingesetzte Signalkrebs aus, der gegen die Krankheit resistent ist, sie aber verbreitet und damit die heimischen Arten endgültig auslöscht. Nur wenige isolierte Oberläufe sind noch unverseucht. Sie beherbergen den kleineren Steinkrebs, der in kühleren Bächen zu Hause ist.

In Bereichen mit ruhiger Strömung versammeln sich manchmal Scharen von Wasserläufern, die dank ihres unbenetzbaren Körpers

Oben: Auch der von Schwarz-Erlen gesäumte Mauerbach ist großteils von Verbauungen verschont geblieben.

Links: Wasserläufer versammeln sich auf einem von der Sonne beschienenen Fleck an der Oberfläche eines sanft strömenden Bachs.

leichtfüßig auf der Oberfläche laufen und springen. Dort suchen diese Wasserwanzen nach hineingefallenen Insekten.

Kleinste Rinnsale und Quelltöpfe sind für die Feuersalamander, die im Wald wohnen, lebenswichtig. Denn in diese klaren Kleinstgewässer entlassen im Frühjahr die Salamanderweibchen, die im Gegensatz zu anderen Lurchen keine Eier legen, ihre Larven. Dort wachsen sie ohne Gefährdung durch Fische heran, bis sie ihre typischen gelben Flecken bekommen, die Kiemen hinter dem Kopf verlieren und an Land gehen.

Seite 164: Kleine beschattete Quellen suchen im Frühling trächtige Salamanderweibchen auf.

Oben: Feuersalamander legen keine Eier, sondern kiemenatmende Larven.

Links: Diese fangen, im Gegensatz zu den Kaulquappen der Froschlurche, kleine Wassertiere.

Auch über dem Wasserspiegel gestaltet der Bach seine Lebensräume. Bis zu den Hochwassermarken säumen Sand- und Schotterbänke die Ufer, auf denen flussbewohnende Libellen ruhen, sich Heuschrecken sonnen oder Laufkäfer und Eidechsen jagen. Unterspülte Ufer an Prallhängen brechen nach und bilden Erdwände, in die der Eisvogel seine Bruthöhlen graben kann.

Nässe liebende Pflanzen wie die Pestwurz bilden eine kurzlebige Pioniervegetation, die vom nächsten Hochwasser fortgespült oder überschüt-

tet wird. Nur etwas höher können aber Weiden oder Erlen ihren Platz gegen den Angriff des Wassers verteidigen. Auch wenn da und dort ihre Wurzeln freigespült werden, befestigen sie die Ufer. In Sümpfen entlang von Bachläufen und Quellaustritten blühen zeitig im Jahr die Dotterblumen und nützen das Licht, das ihnen später von den Seggenbeständen und Bäumen weggenommen wird. Der Bärlauch mag feuchte Böden, verträgt aber wie alle Zwiebelpflanzen keine Dauernässe. Auch seine oft großen Herden treiben früh aus und blühen im Mai, reifen und welken aber schon im Frühsommer.

In feuchten, aber sonnigen Auen wächst der Gilbweiderich. Er ist bei uns die einzige Pflanze, die in ihren Blüten statt Nektar Öl produziert. Darauf haben sich die Schenkelbienen spezialisiert und imprägnieren damit ihr unterirdisches Nest. Auch den Futtervorrat für die Larven, mit dem sie jede Brutzelle verproviantieren, mischen sie ausschließlich aus Öl und Blütenstaub von diesem Schlüsselblumengewächs.

Wo Verbauungen und Begradigungen Bäche in einförmige Betten zwängen, geht viel von ihrer Schönheit und Lebendigkeit verloren. Vor allem in Siedlungsgebieten sind viele Unterlaufabschnitte beengt und kanalisiert worden. Heute ist man bemüht, ihnen durch Rückbauten wieder etwas mehr Flut- und Lebensraum zurückzugeben – nicht zuletzt zur Verminderung von Hochwässern.

Seite 166 oben: Frische Ablagerungen kennzeichnen die Schwechat als lebendigen Fluss.

Seite 166 unten: Auch Uferanrisse sind Elemente eines natürlichen Flusslebensraumes.

Oben: Die Blauflügelige Ödlandschrecke braucht heiße, spärlich bewachsene Kies- oder Heideflächen.

Mitte: Zeitig im Jahr blüht die Rote Pestwurz und entfaltet anschließend halbmetergroße Blätter.

Unten: Gilbweiderich und Schenkelbienen haben eine enge und interessante Beziehung.

Oben: Vom Fluss gewaschene Schotterbänke laden auch Erholung suchende Menschen ein.

Seite 169 oben: Auch in der winterlichen Ruhe des Helenentals bleibt der Fluss warm und lebendig.

Seite 169 unten: Auf und unter den Steinen des Bachgrundes herrscht verborgenes Leben.

Viele Wienerwaldbäche sind zum Glück weitgehend natürlich. Ob sie im Wald dahinplätschern oder – von schmalem Ufergehölz beschattet - durch Wiesen fließen: Mit ihrer üppigen Tier- und Pflanzenwelt schenken sie dem Landschaftsbild besondere Akzente. Im Sommer lockt die Kühle des strömenden Wassers erholungsuchende Menschen an ihre Ufer. Wenn im Winter am Land alles im Frost erstarrt, finden unter der Eisdecke zahllose Organismen Nahrung und ein frostfreies Milieu.

Zum Leben und Eigensinn eines Flusses gehören auch Hochwässer. Überflutbare Auen und Talböden sind die einfachsten natürlichen Rückhalteräume und mildern flussabwärts die Hochwassergefahr. Ebenso wirken gesunde Böden naturnaher Wälder mit ihrem großen Porenvolumen ausgleichend auf den Wasserhaushalt. Dennoch sind Schwankungen der Wasserführung ebenso natürlich wie jene des Wetters. Der Transport von Kies, Sand und Schwebstoffen ist eine wesentliche Funktion von Fließgewässern und nur bei höheren Wasserständen möglich.

Nach einem Hochwasser illustrieren frische Abtragungen und Anlandungen eindrucksvoll die Kraft des strömenden Wassers, das Walten der Natur, die dauernde Veränderung, die nicht nur in engen Zeithorizonten das Leben auf unserem Planeten auszeichnet. In Milliarden Jahren Erdgeschichte wäre jedoch längst alles Land in die Ozeane gespült worden, wenn nicht immer wieder neues entstünde.

Oben: Vom begleitenden Grundwasserstrom gewärmt, ergrünen die Flussauen früher als andere Wälder.

Rechts: Wasser symbolisiert das Leben, das sich ebenfalls dauernd verändert.

Seite 171: Die Triesting, der südliche Grenzfluss des Wienerwaldes, kann bei Hochwasser reißend werden.

ERDGESCHICHTE
Alles fließt

Wind und Wetter, die von der Sonnenwärme verwirbelte Gashülle unseres Planeten und der Kreislauf des Wassers zwischen Himmel und Erde verwittern härteste Gesteine, ebnen ganze Gebirge ein. Es ist nur eine Frage der Zeit – und die Natur hat unvorstellbar viel Zeit. Zum Glück gibt es Gegenkräfte, die aus dem heißen Erdkern kommen und die ebenso langsam und unaufhaltsam wirken. Mit einer Geschwindigkeit von höchstens wenigen Zentimetern im Jahr bewegen sich die Platten unserer Erdkruste auf dem zähflüssigen Erdmantel. Driften sie auseinander, öffnen sich Meeresbecken. Kollidieren sie, türmen sich Gebirge auf.

Spannungen und Dehnungen der Erdkruste, Gebirgsbildung und Meeresbedeckung haben im Wienerwald ebenso ihre Spuren hinterlassen wie die Kräfte der Abtragung. Nahezu sämtliche Gesteine dieser Region sind im Wasser abgelagerte Sedimente. Vulkanisches Material gibt es hier nur auf kleinen Flächen, zum Beispiel im Lainzer Tiergarten, und kristalline, in den Tiefen der Erdrinde erstarrte Gesteine finden sich lediglich ganz im Nordwesten als kleine hochgeschleppte Fremdkörper.

Gesteine sind verschlüsselte Dokumente der Erdgeschichte, welche die Wissenschaft immer besser entziffert. Enthaltene Minerale und Fossilien verraten ihr Alter sowie die Umweltbedingungen und geografische Breite ihres Entstehungsorts.

Seiten 172–173: Die von der Triesting angeschnittenen, steil einfallenden Flyschschichten verdeutlichen die Kräfte der Gebirgsbildung.

Seite 174 oben und unten: Der südliche Wienerwald oder die Arnsteinnadel: Jede Geländeform wird vom Gestein und von der Erosion gestaltet.

Links: Der Kalkfelsen unter der Ruine Arnstein entstand in der Triasperiode vor mehr als 240 Millionen Jahren im Meer.

So bestehen die Kalkalpen überwiegend aus Meeressedimenten aus dem Erdmittelalter, das 186 Millionen Jahre währte und vor 66 Millionen Jahren endete. Die ältesten Schichten enthalten Gips- und Salzlager, die nahe dem Äquator durch Eindampfen flacher Meeresbuchten entstanden. Die Seegrotte in Hinterbrühl, heute eine Schauhöhle, wurde durch den Abbau von Gips geschaffen.

Wesentlich härter sind viele darüber abgelagerte Karbonatgesteine, die insgesamt mehrere Kilometer dicke Pakete bilden. Sie entstanden in Lagunen, Riffen oder Wannen tropischer Meeresküsten, aber auch

Die Ruine Johannstein im Naturpark Sparbach steht auf rötlichem Kalk, der im tiefen Jurameer abgelagert wurde.

tieferer Becken. Obwohl sich nur wenige Zentimeter Sedimentgesteine pro Jahrtausend ansammelten, sind es im Laufe dieser gewaltigen Zeiträume kilometerdicke Schichten geworden. Im Wienerwald bauen diese Kalke und Dolomite aus der Triasperiode die markanten Burgberge und Felsbildungen auf, vom Peilstein bis zu den Talausgängen des Helenentals bei Baden und der Mödlinger Klause.

In unmittelbarer Nachbarschaft stehen mergelige Kalkschichten an, die im Zeitalter des Jura in größeren Meerestiefen abgesetzt wurden.

Oben: Die Mulde bei Gießhübl zwischen den Kalkbergen des Höllensteins und Anningers ist von Gosausedimenten erfüllt, den später mitgefalteten Erosionsprodukten der gerade dem Meer entstiegenen Alpen.

Links: Der gestriemte Harnisch am Ungarstein im Helenental ist eine durch tektonische Bewegungen entstandene Scherfläche.

Das war schon wieder rund 40 Millionen Jahre später. Gegen Ende des Erdmittelalters, in der Kreidezeit, verengte sich der Ozean durch die nordwärts gegen Alteuropa drängende Afrikanische und die Adriatische Platte. Der schwere Untergrund tauchte darunter in den Erdmantel ab, die leichteren Sedimentgesteine wurden gestaucht, gestapelt und gefaltet. Eine Vorstellung von den gewaltigen Kräften vermitteln steil gestellte oder gefaltete Gesteinsschichten, die ja ursprünglich horizontal abgelagert wurden, sowie Harnische. Das sind geglättete Flächen mit Striemen, wo Gesteinspakete aneinander vorbeigeschoben wurden.

Rechts: Die als Flysch bezeichneten Sandsteine und Mergel setzten sich in der Tiefsee vor der Stirn des nordwärts drängenden Alpenkörpers in waagrechten Schichten ab.

Unten: Die Antonshöhe bei Mauer enthält Hornstein aus der Juraperiode, der in der Steinzeit als begehrter Rohstoff bergmännisch gewonnen wurde.

Einzelne Bereiche der späteren Alpen wurden erstmals über den Meeresspiegel gehoben und dem Angriff der Atmosphäre ausgesetzt. Die Erosionsprodukte der Gosaugruppe wurden als neue Schichten in die Gebirgsbildung einbezogen. Heute liegen sie zum Beispiel in einer Mulde zwischen Gießhübl und Sparbach, der die Autobahn folgt.

Gleichzeitig wurden nördlich davon, in dem vom Atlantischen Ozean ausgehender Penninischen Trog, vom Land eingeschwemmter Sand und Schlamm in untermeerischen Trübeströmen lawinenartig in die Tiefsee transportiert. Dieses Becken wurde allerdings durch die erwähnten Plattenbewegungen und die Kollision der Adriatischen Platte mit der Eurasischen immer schmäler. Die Geburt der Alpen begann nach dieser langen Entwicklung vor rund 25 Millionen Jahren und dauerte mehr als 10 Millionen Jahre bis weit ins Miozän. Die Tiefseesedimente wurden vom Alpenkörper teils überfahren, teils zusammengeschoben und als Flyschdecken in den Gebirgsbau einbezogen. Dabei wurde auch ein Band von älteren Kreide- und Jurasedimenten hochgeschürft, das als Klippenzone bezeichnet wird. Unter ihnen befindet sich auch Hornstein, der aus den Skeletten mikroskopischer Radiolarien entstand – wegen seiner Härte ein begehrter Rohstoff für die Menschen der Vorzeit. Am

Bei Höflein an der Donau und vielen anderen Orten wurde der Wienerwaldsandstein bis ins 20. Jahrhundert für viele Bauwerke gewonnen.

Oben: Vom Kaiserstein bei Hochroterd überblickt man die sanft geformten Flyschberge. Dahinter grüßen die Kalkalpen mit dem Schneeberg.

Rechts: An manchen Prallufern haben Bäche gute Aufschlüsse des Untergrundes freigelegt.

Seite 181 oben: Die Freileiten am Schöpfl ist eine von vielen großen Wiesen auf lehmreichen Flyschböden.

Seite 181 unten: Weiter nördlich, bei Innermanzing, dominiert auf den meist tiefgründigen Böden auf Flyschgrund ertragreiches Grünland.

Naturdenkmal Antonshöhe bei Mauer wurde vor 100 Jahren ein steinzeitliches Bergwerk mit bis zu 12 m tiefen Schächten ausgegraben.

Das Rhenodanubische Deckensystem, wie die Flyschzone korrekt heißt, begleitet den gesamten Nordrand der Ostalpen vom Bregenzer Wald bis zur Wiener Pforte. Es baut den größten Teil des Flysch-Wienerwaldes auf, in dem sich auch der Schöpfl als höchster Berg erhebt. Wegen der weichen Verwitterungsformen sind diese abwechselnd kalkreichen und kalkarmen Sand-, Ton- und Mergelschichten aus der Tiefsee nur in Bacheinschnitten oder Steinbrüchen aufgeschlossen.

Oben: Der Buchberg bei Neulengbach und seine vorwiegend agrarisch genutzte Umgebung sind aus gefalteter Molasse aufgebaut, dem jüngsten Teil der Alpen.

Rechts: Weich wie die der dunstige Herbstabend sind auch die Formen der Landschaft bei Johannesberg.

Noch bedeckte ein flaches Meer das Vorland, in dem Kies, Sand und Ton abgelagert und teilweise zu Konglomerat, Sand- und Tonstein verfestigt wurde. Auch von diesen sogenannten Molassesedimenten wurde noch ein Teil von den zunehmend nordwärts gedrückten Alpen überschoben oder aufgefaltet. Nördlich der Linie Neulengbach – Königstetten besteht der Wienerwald aus diesen jüngsten Bauteilen der Alpen. Der 460 m hohe Buchberg mit seiner weithin sichtbaren Warte ist die höchste Erhebung dieses Bereichs.

Links: Als Schlier werden diese etwa 15 Millionen Jahre alten Sandsteine aus dem Molassemeer bezeichnet, die in einem Hohlweg bei Königstetten aufgeschlossen sind.

Unten: Der Buchberg besteht aus Konglomerat, das durch die Verfestigung von gerundetem Kies entstand.

Oben: Vom Anninger überblickt man die Bruchlinie, an der das Gebirge kilometertief eingesunken, inzwischen aber von Sedimenten überdeckt ist.

Rechts: Auch der Fluxberg bei Pfaffstätten gewährt eine gute Aussicht auf den plötzlichen Übergang vom Wienerwald zur Ebene.

Während die Alpen endgültig zum Hochgebirge komprimiert wurden und das Molassemeer allmählich verschwand, gab es auch Bereiche, wo die Erdkruste gedehnt wurde und einbrach. Das größte intramontane Becken ist das Wiener Becken, welches die zuvor zusammenhängenden Alpen und Karpaten trennte. Die Thermenlinie am Ostrand des Wienerwaldes markiert einen Staffelbruch, der sich unter der weiten Ebene kilometertief fortsetzt. Die Thermalbäder verdanken ihre warmen und teils schwefelhaltigen Quellen diesen Brüchen, die tief reichende Grund-

Oben: Ablagerungen aus dem Badenmeer füllen die Gainfarner Bucht, die durch den quer verlaufenden Harzbergbruch entstand.

Links: Von der Köhlerhausruine aus gesehen breitet sich bis zum Lindkogel die Gaadener Meeresbucht aus dem Badenium.

wasserströme bedingen. Andere Begleiter der noch aktiven Gebirgsbewegungen sind Erdbeben in diesem Raum.

Auch das Gaadener Becken und die Gainfarner Bucht gehören zu diesem Sedimentationsraum, der zehn Millionen Jahre lang von Wasser bedeckt war. Die Ausdehnung des Baden- und des folgenden Sarmatmeeres wurde durch Auffüllung der Becken und auch großräumige Landhebungen allmählich kleiner. Der schließlich vom Meer getrennte Pannon-See

Oben: Am Fuß des Harzbergs wurde jahrhundertelang die Gainfarner Brekzie abgebaut.

Rechts: Das ist verfestigter Dolomitgrus, aus dem Reibsand hergestellt wurde.

Seite 187 oben: Im Steinbruch am Harzberg ist der graue Dolomitstein und seine tektonische Bruchlinie erkennbar, davor die helleren Reste seines am Meeresstrand abgelagerten, später verfestigten Erosionsschutts.

Seite 187 unten: Durch das Ausgraben von Reibsand entstanden mehrere Höhlen.

war zuerst brackig, süßte dann aus und wurde zuletzt landfest. Zeugen der Meeresbedeckung sind zum Beispiel Dolomitsande und -brekzien am Fuß des Harzbergs bei Gainfarn. Ein geologischer Lehrpfad führt dort zu einem ehemaligen Steinbruch und zu Höhlen, wo dieses Strandsediment jahrhundertelang zur Erzeugung von Reibsand gewonnen wurde.

Der Eichkogel besteht aus pannonen Tonsedimenten, die durch eine Schicht aus Süßwasserkalk im Gipfelbereich vor der Abtragung geschützt

Oben: Der Alpenostrand ist ebenso wie das Gaadener Becken großteils von Strandgeröll des ehemaligen Meeres bedeckt.

Rechts: Die großteils aus Flysch bestehenden Kiesel sind teilweise zu Konglomerat zusammengebacken.

sind. Weithin sichtbar ist dieser Berg dem Alpenostrand vorgelagert. Dahinter ist im Bereich des Richardshofs eine Strandterrasse erhalten.

Auch die Urdonau entstand in dieser Zeit, floss weiter nördlich durch das Weinviertel und mündete beim heutigen Mistelbach in den Pannon-See. Der Bisamberg als letzte Bastion der Alpen zwischen dem Wiener und Korneuburger Becken war damals noch mit dem Kahlenberg verbunden. Der Donaudurchbruch der Wiener Pforte trennt erst seit einigen Millionen Jahren diese beiden Wiener Hausberge, was die für den Sandstein extreme Steilheit ihrer Einhänge zur Donau erklärt.

Oben: Vom Leopoldsberg öffnet sich der Blick auf den Westen der Großstadt, die auf eiszeitlichen Donauterrassen, Ablagerungen des Meeres und Ausläufern der Alpen erbaut ist. Dahinter erheben sich links der Eichkogel und der Anninger.

Heute sind die Becken mit den Sedimenten gefüllt, welche zuerst die miozäne Meeres- und Seenbedeckung und schließlich die Flüsse hinterließen. Besonders in den vegetationsarmen Kaltzeiten der quartären Periode der letzten 2,6 Millionen Jahre wurden die von den Gletschern abgeschürften gewaltigen Mengen von Schutt aus dem Alpenraum als Kies, Sand und Ton bei abnehmendem Gefälle in den Ebenen angehäuft, in die sich in den wärmeren und wasserreicheren Zwischeneiszeiten die Flüsse wieder einschnitten und so die voralpinen Terrassenlandschaften schufen. Die stufenartige Gliederung des Stadtgebietes von Wien mit Prater-Terrasse, Stadt-Terrasse, Arsenal-Terrasse, Wienerberg-Terrasse oder Laaerberg-Terrasse hat in dieser Dynamik ihren Ursprung. Im Marchfeld kamen durch eiszeitliche Stürme noch Flugsande dazu, im weiteren Vorland ebenfalls von Stürmen verfrachtete Lössablagerungen. Diese Lockergesteine aus der jüngsten Erdgeschichte bilden heute die fruchtbaren Böden der vorwiegend ackerbaulich genutzten Ebenen und Flachländer.

Jede Landschaftsform entsteht und verändert sich ständig in der Auseinandersetzung von Kräften aus dem Erdinneren und der an der Oberfläche wirkenden Atmosphäre und Hydrosphäre. Die Materialeigenschaften der Gesteine entscheiden aber ebenso über die Gestalt des Reliefs. Je höher die Alpen aus dem Meer aufstiegen, desto heftiger griff die Erosion an desto tiefere Täler wurden eingeschnitten und ausgeräumt. Die Ton- und Sandsteine der Flysch- und Molassezone verwittern leichter und bilden deshalb auch auf steilen Hängen tiefgründige Böden, aber wenig anstehende Felsen.

Kompakte Kalke und Dolomite im Karbonat-Wienerwald bilden dagegen in Taleinschnitten zahlreiche Felswände, -köpfe und -türme. Der Steinalmkalk der Peilsteinwand und die Dolomitfelsen in der Mödlinger Klause verleihen mit ihren schroffen Formen der Landschaft einen gebirgigen Charakter. Bizarre Felsnadeln wie bei der Krainerhütte oder der Ruine Arnstein illustrieren den unerschöpflichen Formenreichtum der Natur.

Seite 190 oben: Der Leopoldsberg im Norden Wiens ist der östlichste Punkt der Alpen.

Seite 190 unten: Die Wiener Pforte trennt erst seit geologisch kurzer Zeit den Bisamberg vom Leopoldsberg.

Oben: Die Berge im Hintergrund mit der Araburg bestehen aus Karbonatgestein, die Region Untertriesting im Vordergrund zeigt die für Flysch typischen weichen Formen.

Links: Die tonreichen Flyschböden sind günstig für eine ertragreiche Land- und Forstwirtschaft.

Oben: Der Peilstein ist die größte Felsbildung im Wienerwald mit einem grandiosen Ausblick nach Westen.

Rechts: Bei Nebel erlebt man den Reiz der Gebirgseinsamkeit manchmal auch im Hügelland.

Seite 193 oben: Nur kompakte Karbonatgesteine verwittern zu solchen von Türmen durchsetzten Klippen.

Seite 193 unten: Extremstandorte beherbergen bewundernswerte Pflanzen und Tiergemeinschaften.

Dabei sind diese Gesteine in geringem Maße wasserlöslich. Die im Regenwasser enthaltene Kohlensäure löst beim Versickern entlang von Klüften ein wenig vom Fels, sodass sich in langen Zeiträumen die Wasserwege erweitern und immer tiefer verlagern. Diese Karsterscheinungen führen zu trockenen und flachgründigen Böden an der Oberfläche und zur Entstehung von Höhlen in der Tiefe.

Daher sind die Kalkalpen unsere höhlenreichste Region, und auch ihr Anteil am Wienerwald bietet beeindruckend viele, allerdings meist kleinere

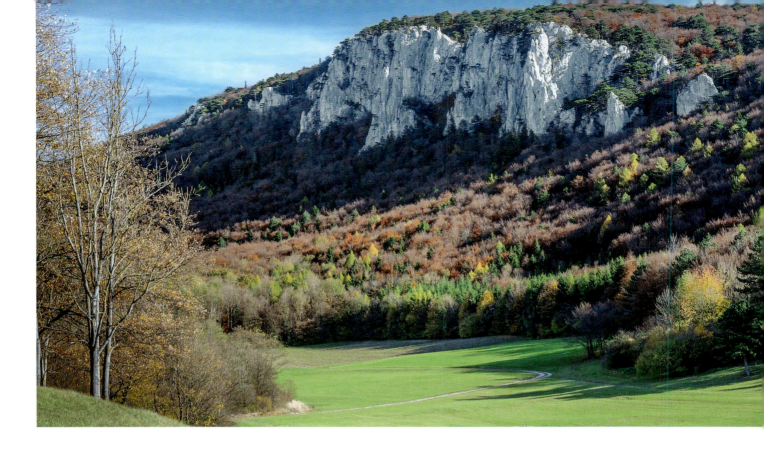

Höhlen. Manche, etwa die Königshöhle, die Arnsteinhöhle sowie die Einöd- und Elfenhöhle, sind mit Wanderwegen leicht zu finden. Die Tropfsteinhöhle bei Alland ist als Schauhöhle nur mit Führung zugänglich. Andere Höhlen wurden in den letzten Jahren vergittert, um sie und ihre Tierwelt zu schützen. Neben Dauersiedlern wie etlichen Spinnen- und Insektenarten, die sich an das Höhlenleben angepasst haben, nutzen viele Tiere die frostfreien Räume als Winterquartier. Die meisten unserer mehr oder weniger gefährdeten Fledermausarten halten hier, von der Decke hängend, ihren Winterschlaf, während dem sie nicht gestört werden dürfen.

Die heute trockengefallenen Höhlen dürften bereits vor Millionen Jahren entstanden sein, als sie sich tief unter der Oberfläche im Niveau großer Karstwasserströme befanden. Mit der Abtragung des Gebirges und der fortschreitenden Tieferlegung der Täler gelangten sie an die Oberfläche.

Nach wie vor wachsen und schwinden Gebirge, senken sich Becken und füllen sich wieder. Das organismische Leben darauf ändert sich noch viel schneller. Seit ganz kurzer Zeit greift die Menschheit geologisch wirksam in die Kreisläufe und dynamischen Gleichgewichte des Lebens, des Wasserhaushalts und der Atmosphäre ein. Manche Geologen sprechen deshalb von einer neuen Periode des Anthropozäns. Es liegt in unserer Hand, ob Lebensraumzerstörung, Artenschwund und Klimawandel weiter fortschreiten und in eine Katastrophe münden. Das Leben auf diesem Planeten geht sicher weiter – es hat auch Asteroideneinschläge überstanden. Die Frage ist nur, ob mit oder ohne menschlicher Zivilisation.

Seite 194 oben: Auch die Krainer Nadeln im Einhang des Helenentals sind aus Kalk herausgewittert.

Seite 194 unten: Die 128 m lange Arnsteinhöhle ist eine der längsten Höhlen im Wienerwald. Höhlen entstanden durch unterirdische Wasserwege in löslichem Gestein.

Oben: Der im Wald verborgenen Geoleshöhle am Höllenstein verdankt dieser Berg vielleicht seinen Namen.

Mitte: Die Allander Tropfsteinhöhle enthält zwar nur wenige Stalagmiten, aber einen sehenswerten Formenreichtum an Kalksinter.

Unten: Hufeisennasen und andere Fledermäuse finden in Höhlen frostfreie Quartiere für ihren Winterschlaf. Zu ihrem Schutz sind manche Eingänge vergittert.

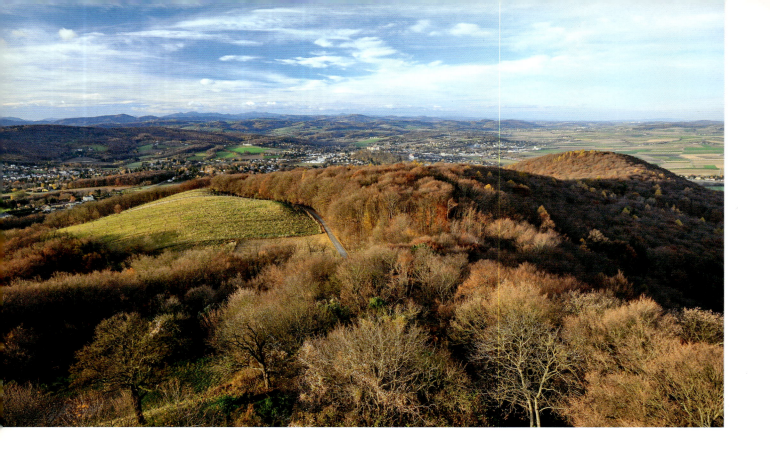

Oben: Die Buchbergwarte bietet einen guten Überblick über den nördlichen Alpenrand bei Neulengbach mit seiner Flysch- und Molassezone.

Rechts: Der Buchberg bei Alland ist aus Kalk aufgebaut und birgt die Schauhöhle.

Wir alle können etwas dazu beitragen, den Niedergang der uns erhaltenden Ökosysteme aufzuhalten. Das Bild von unserem einzigartigen Planeten als begrenztem Raumschiff im einsamen Weltall kann helfen, Zusammenarbeit statt Konkurrenz zu pflegen, das tagespolitische Gerangel um Macht und Besitz zugunsten solidarischer Verantwortung für das gemeinsame Ganze zurückzustellen. Die Ausstattung dieses Raumschiffs ist die Natur, die wir nur teilweise durchschauen, die sich aber schon jahrmillionenlang bewährt. Und wir sind ein abhängiger Teil

Oben: Die Felsen der Mödlinger Klause hat der Bach erst in den letzten Jahrmillionen aus dem standfesten Dolomit herauspräpariert.

Links: Dem dauernden Angriff des Wassers muss mit der Zeit auch harter Fels weichen.

von ihr. Um diese einfache Tatsache zu begreifen und danach zu handeln, müssen wir keine Ökologen werden. Wichtig ist, dass wir die uns umgebende Natur aufmerksam wahrnehmen. Ihre Schönheit im Großen wie in ihren kleinsten Details versetzt uns in ehrfürchtiges Staunen und liebende Begeisterung. Aus solchen Gefühlen erwachsen Wertschätzung, Achtung und Verantwortung gegenüber der einzigartigen Biosphäre, jener dünnen Haut unserer Erde, die uns hervorgebracht hat und erhält.

Oben: In unzähligen Details erregt die sich dauernd verändernde und erneuernde Schönheit der Natur unsere Aufmerksamkeit.

Rechts: Die Wien bei Pressbaum in ihrem Felsenbett

Seite 199 oben: Auch das „Föhra Bankerl" bei Groisbach lädt zum Innehalten, Genießen und Staunen ein.

Seite 199 unten: Das im April ergrünende Groisbachtal schimmert in bräutlichem Schmuck.

Naturverbundenheit ist daher kein Hobby, sondern eine existenzielle Tatsache, die wir allerdings leicht vergessen. Eine lebendige Beziehung zur Natur ist unerlässlich für ein wirklichkeitsnahes Welt- und Menschenbild. Eine naturliebende und naturverständige Lebenseinstellung ist auch ein bewährter Weg zum Sinn und Glück des eigenen Daseins. Besinnliche Ruhe oder fordernde Abenteuer, überraschende Entdeckungen oder die Größe und Schönheit einer Welt voller Geheimnisse, die geworden und nicht von Menschen gemacht ist – all diese Naturerfahrungen stärken Körper, Geist und Gemüt. Dieser Reichtum ist mehr wert als alles Geld. Ihn zu bewahren, schulden wir unseren Nachkommen.

Oben: Die Italienische Schönschrecke, eine gefährdete Art, die in Trockenrasen lebt, ist gleichzeitig schön und perfekt getarnt.

Mitte: Der prächtige Schwalbenschwanz braucht sonnige Blumenwiesen mit Doldengewächsen als Nahrung seiner Raupen.

Unten: In Tümpeln und Weihern entwickeln sich im Frühling die Kaulquappen von Spring- und Grasfröschen.

Oben: Die zierliche Schwanzmeise ist bei der Suche nach Nahrung in dauernder Bewegung. Ihr langer Schwanz dient der Balance im schwankenden Gezweig.

Mitte: Die Kamelhalsfliege jagt im Wald Blattläuse und andere Kleintiere.

Unten: Das großteils unsichtbare und unterschätzte Reich der Pilze belebt totes Material, zerlegt es und schließt die Stoffkreisläufe. Die Schmetterlings-Tramete ist einer der häufigsten Pilze auf morschendem Laubholz.

Oben: Erhöhte Aussichtspunkte wie die Bischofsmütze bei Mayerling schenken uns mit ihrem Ausblick auf den weiten Landschaftsraum auch ein Gefühl für die Größe, aber auch Empfindlichkeit der Biosphäre.

Rechts: Diptam am Felsen, Waldhänge im Helenental: Alle Lebewesen und ihre Gemeinschaften haben einen Eigenwert, der weit über ihre kommerzielle Nutzbarkeit hinausreicht.

Oben: Herbstabend beim Forsthof. Naturkunde und Naturliebe sind ebenso wenig zu trennen wie Verstand und Gefühl, Körper und Geist. Naturbegegnungen können uns erheben und beglücken, weil wir uns dabei als Teil einer großen Ganzheit erleben.

Links: Nutzungsfreie Flächen wie am Hohen Lindkogel sind für die Erhaltung der Lebensvielfalt ebenso notwendig wie umweltfreundliche Wirtschaftsweisen in der Entwicklungszone. Ein international anerkannter Biosphärenpark ist zur konsequenten Verwirklichung dieser Ziele verpflichtet.

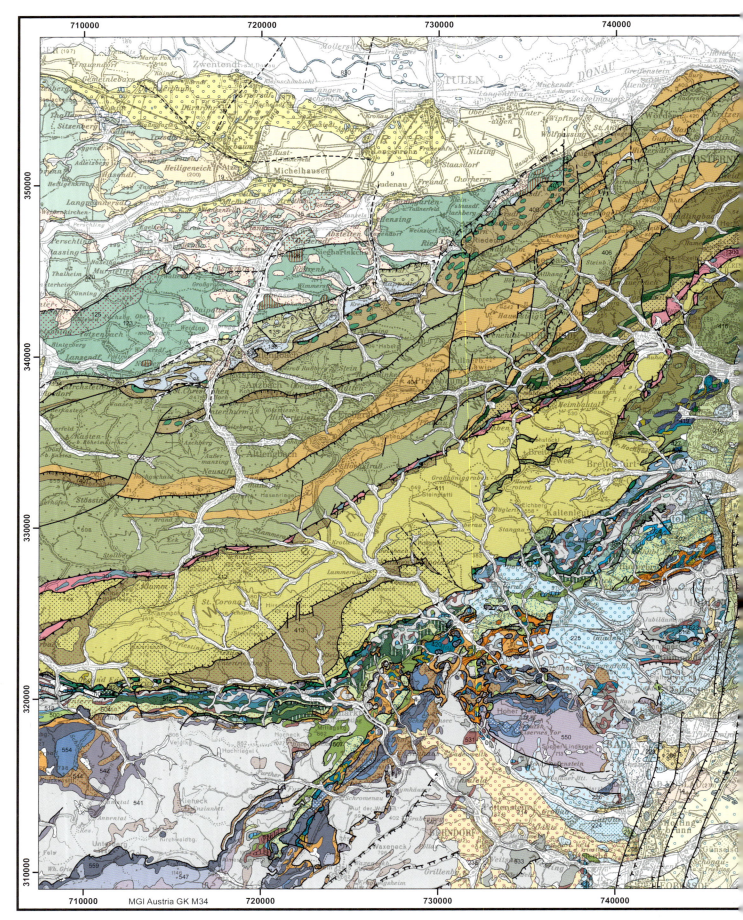

Ausschnitt aus der Geologischen Karte 1 : 200.000 Niederösterreich
© Geologische Bundesanstalt, www.geologie.ac.at, A-1030 Wien, Neulinggasse 38

BIOSPHÄRENPARK WIENERWALD

Lebensregion
Biosphärenpark Wienerwald

Empfohlene Detailkarten:
Österreichische Karte 1 : 50 000 mit Wegmarkierungen
ÖK 4324 HERZOGENBURG
ÖK 5319 TULLN
ÖK 4330 NEULENGBACH
ÖK 5325 BADEN
ÖK 5201 WIENER NEUSTADT

Kompass Wanderkarte 1 : 25 000
Wienerwald 208, Karte 1 und 2

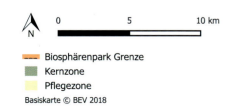

Eine Initiative der Länder
Niederösterreich und Wien

Register

Fett gedruckte Seitenangaben verweisen auf Abbildungen

Orte

Abstetten **143**
Alland **19**, **139**, 194, **196**
Altenberg 38
Altlengbach 18
Amphitheater **33**
Araburg **191**
Augengläser 33
Bad Vöslau 136, 143
Baden 22, 176
Burg Greifenstein **35**
Burg Liechtenstein **33**
Burg Mödling **21**, 26
Dianatempel **32**
Dornbach **45**
Forsthof 10, **203**
Friedensstadt 37
Gaaden 142, 185
Gainfarn **141**, 142, **185**, **186**
Gars 24
Gießhübl 92, **177**, 179
Groisbach **45**, **199**
Gumpoldskirchen 135, **144**, 146, **188**
Heiligenkreuz **27**
Hinterbrühl 175
Hochroterd **180**
Hochstraß 10
Höflein an der Donau 179
Hütteldorf 37
Innermanzing **181**
Irenental **10**
Johannesberg **182**
Kaltenleutgeben 36, 156
Klausen-Leopoldsdorf 30
Klein-Mariazell 27, **107**
Klosterneuburg 8, 24, **27**, 143
Königstetten 136, 182, 183
Maria Gugging 10
Mauer 9, 178, 180
Mayerling **153**, **202**
Melk 24
Mödling **15**, 22, **23**, **32**, 37, **135**, 176, 191, **197**
Neulengbach 9, **182**, **196**
Nöstach **18**, **42**, **102**, **105**, 139
Perchtoldsdorf **12**, 22, **124**, 131, 136, 146
Pfaffstätten 135, **184**
Pfefferbüchsel 33
Pressbaum 156, **198**
Purkersdorf **39**, 60
Ranzenbach 137
Rekawinkel 10
Riederberg 10
Ruine Arnstein 26, **174**, **175**, 191
Ruine Johannstein 176
Ruine Köhlerhaus 34
Ruine Merkenstein **25**, 26
Ruine Rauheneck **25**, 26
Ruine Rauhenstein **15**, 24, **25**, 26
Sankt Andrä vor dem Hagentale 9
Schöpflgitter 30
Schwarzer Turm **15**, **32**
Sieghartskirchen 143
Sooß 146
Sparbach 39, 60, 179
Thenneberg 9
Tulbing 146
Tulln 22
Weidling 36
Wien Umschlag, **8**, 22, 24, **38**, 42, **64**, 143, **145**, **189**, **190**

Pflanzen

Acker-Wachtelweizen, *Melampyrum arvense* 155
Adriatische Riemenzunge, *Himantoglossum adriaticum* **119**
Apfel, *Malus domestica* 152
Aufrechte Trespe, *Bromus erectus* 115, **116**
Bärlauch, *Allium ursinum* 74, 75, **158**, **160**, **162**, 166
Berberitze, *Berberis vulgaris* 94
Berg-Ahorn, *Acer pseudoplatanus* 66
Berg-Aster, *Aster amellus* 125, **130**
Bibernell-Rose, *Rosa spinosissima* **83**, 122
Birne, *Pyrus communis* 139
Blaugras, sh. Kalk-Blaugras
Blut-Storchschnabel, *Geranium sanguineum* **90**, 91, **137**
Brand-Knabenkraut, *Orchis ustulata* **119**, 122
Breitblättriges Knabenkraut, *Dactylorhiza majalis* **110**, **114**
Buche, *Fagus sylvatica* **16**, **17**, **28**, **29**, **57**, **64**, 66, **69**, **77**, **80**, **81**, **206**
Buchs-Kreuzblume, *Polygala chamaebuxus* 96
Busch-Windröschen, *Anemone nemorosa* 74
Dalmatinische Lotwurz, *Onosma visianii* 125
Diptam, *Dictamnus albus* **122**, **202**
Dirndlstrauch, sh. Gelber Hartriegel
Dreizähniges Knabenkraut, *Orchis tridentata* **119**

Duftende Weißwurz, *Polygonatum odoratum* **88**
Duft-Skabiose, *Scabiosa canescens* 125
Echte Schlüsselblume, *Primula veris* 88, **107**, **139**
Echtes Labkraut, *Galium verum* **142**
Efeu, *Hedera helix* **24**
Eibe, *Taxus baccata* 66
Eichen, *Quercus sp.* **13**, **29**, 30, 41, **56**, **58**, **64**, **82**, **138**, **139**, **204**
Erd-Primel, *Primula acaulis* 88
Erlen, *Alnus sp.* 166
Esche, *Fraxinus excelsior* 66
Esparsette, *Onobrychis viciifolia* **116**
Färber-Ginster, *Genista tinctoria* 91
Federgras, *Stipa joannis* **12**, **122**, **137**
Feinblatt-Lein, *Linum tenuifolium* 121, **134**
Feld-Ahorn, *Acer campestre* **59**, 66
Felsenbirne, *Amelanchier ovalis* **94**, **95**, 121, **133**
Fichte, *Picea abies* **31**, **65**
Flaum-Eiche, *Quercus pubescens* 13, **91**, **92**
Flockenblumen, *Centaurea sp.* 110, **115**
Frühlings-Adonisröschen, *Adonis vernalis* 110, **121**
Frühlings-Platterbse, *Lathyrus vernus* 75
Geflecktes Knabenkraut, *Dactylorhiza maculata* 104
Gelber Hartriegel, *Cornus mas* 82, **92**, **101**
Gelber Lauch, *Allium flavum* 125, **129**
Gelber Lein, *Linum flavum* 121
Gilbweiderich, *Lysimachia vulgaris* 166, **167**
Glatthafer, *Arrhenatherum elatius* 114, **115**
Goldschopf-Aster, *Aster linosyris* 125, **130**
Grau-Distel, *Cirsium canum* **114**
Große Sommerwurz, *Orobanche elatior* **119**
Große Sternmiere, *Stellaria holostea* 88
Hahnenfuß, *Ranunculus sp.* 104
Hainbuche, *Carpinus betulus* **64**, 82, 91
Haselnuss, *Corylus avellana* 86
Hauhechel, *Ononis spinosa* 110
Heidelbeere, *Vaccinium myrtillus* 78, **79**
Heilziest, Betonie, *Betonica officinalis* **118**
Herbstzeitlose, *Colchicum autumnale* 110, **111**, 115
Herzblättrige Kugelblume, *Globularia cordifolia* **94**, **95**
Hohe Schlüsselblume, *Primula elatior* **107**
Hummel-Ragwurz, *Ophrys holoserica* **123**, 122
Immenblatt, *Melittis melissophyllum* 78, **88**
Kalk-Blaugras, *Sesleria albicans* **94**, **97**
Karde, *Dipsacus fullonum* 110
Kartäuser-Nelke, *Dianthus carthusianorum* 115
Kirsche, *Prunus avium* 91, **45**, **108**, **199**
Klatsch-Mohn, *Papaver rhoeas* **155**
Klatschnelke, *Silene vulgaris* **142**
Kleb-Salbei, *Salvia glutinosa* **76**
Knollen-Mädesüß, *Filipendula vulgaris* 114, **115**
Kreuzdorn, *Rhamnus saxatilis* 132
Kugel-Lauch, *Allium sphaerocephalon* 125, **126**
Kugel-Teufelskralle, *Phyteuma orbiculare* 121, **123**
Kuhschelle, *Pulsatilla grandis* 110, **120**, 121
Lärche, *Larix decidua* **31**
Leberblümchen, *Hepatica nobilis* **74**, 75
Lorbeer-Seidelbast, *Daphne laureola* 78
Lungenkraut, *Pulmonaria sp.* 75
Maiglöckchen, *Convallaria majalis* 78, **79**
Mandel-Wolfsmilch, *Euphorbia amygdaloides* **79**
Margerite, *Leucanthemum vulgare* 110, 114
Mauerraute, *Asplenium ruta-muraria* **35**, 146
Mehlbeere, *Sorbus aria* **94**
Mödlinger Feder-Nelke, *Dianthus plumarius subsp. Neilreichi* 94, **97**
Nestwurz, *Neottia nidus-avis* **76**
Osterluzei, *Aristolochia clematitis* **148**, 149
Österreichische Schwarzwurzel, *Scorzonera austriaca* 94, **95**
Pannonische Kratzdistel, *Cirsium pannonicum* **115**, **127**
Pannonische Platterbse, *Lathyrus pannonicus* **117**
Pannonische Wolfsmilch, *Euphorbia glareosa* **137**
Pechnelke, *Lychnis viscaria* **90**, 91
Pimpernuss, *Staphylea pinnata* **87**, 88
Pracht-Nelke, *Dianthus superbus* **114**
Purpur-Knabenkraut, *Orchis purpurea* 88, **89**
Regensburger Geißklee, *Chamaecytisus ratisbonensis* 122
Rispen-Graslilie, *Anthericum ramosum* 91, **93**, **124**
Rote Heckenkirsche, *Lonicera xylosteum* 82
Rote Pestwurz, *Petasites hybridus* **155**, 165, **167**
Salomonssiegel sh. Duftende Weißwurz
Schafgarbe, *Achillea millefolium* 110
Schlangen-Lauch, *Allium scorodoprasum* **125**
Schlehe, *Prunus spinosa* 55, 122, **151**, **153**, **199**
Schneeheide, *Erica carnea* 94, **96**
Schopf-Kreuzblume, *Polygala comosa* **116**
Schwarzer Germer, *Veratrum nigrum* 88, **89**
Schwarz-Erle, *Alnus glutinosa* **59**, **163**, **164**
Schwarz-Föhre, *Pinus nigra* **14**, **15**, **31**, 66, **78**, **94**, **97**, **100**, **199**, **202**
Seggen, *Carex sp.* 166
Skabiosen-Flockenblume, *Centaurea scabiosa* **119**
Ständelwurz, *Epipactis helleborine* 78
Steinröserl, *Daphne cneorum* **96**, 122
Steppen-Salbei, *Salvia nemorosa* **126**
Steppen-Windröschen, *Anemone sylvestris* 122
Stiel-Eiche, *Quercus robur* 13, 82
Strauchkronwicke *Hippocrepis emerus* 94, **96**
Sumpfdotterblume, *Caltha palustris* **164**, 166, **200**
Tanne, *Abies alba* 66
Trauben-Eiche, *Quercus petraea* 13, 82, **101**
Trauben-Geißklee, *Cytisus nigricans* **116**, **133**
Traubenhyazinthe, *Muscari neglectum* **103**
Wald-Glockenblume, *Campanula persicifolia* 88
Wald-Habichtskraut, *Hieracium murorum* 78, 91
Waldmeister, *Galium odoratum* **16**, 75
Wald-Veilchen, *Viola reichenbachiana* 75, 78
Waldvöglein, *Cephalanthera damasonium* 78

Wald-Wolfsmilch, sh. Mandel-Wolfsmilch
Wald-Ziest, *Stachys sylvatica* **76**
Warziger Spindelstrauch, *Evonymus verrucosa* 87
Weiche Siberscharte, *Jurinea mollis* 122, **123**
Weiden, *Salix sp.* 166
Weinrebe, *Vitis vinifera* 13, **144**, **146**, **147**
Weißliche Hainsimse, *Luzula luzuloides* 78
Wiesen-Bocksbart, *Tragopogon pratensis* **112**, 114
Wiesen-Flockenblume, *Centaurea jacea* **110**, 114
Wiesen-Glockenblume, *Campanula patula* 110, **111**
Wiesen-Salbei, *Salvia pratensis* **111**, 115, **116**
Wilde Möhre, *Daucus carota* **110**
Witwenblume, *Knautia arvensis* 110, **112**, **115**
Wollgras, *Eriophorum sp.* **114**
Zerr-Eiche, *Quercus cerris* 13, 82
Zimbelkraut, *Cymbalaria muraria* 146
Zwerg-Schwertlilie, *Iris pumila* **120**, 121
Zwiebeltragende Zahnwurz, *Dentaria bulbifera* **75**, 78
Zyklame, *Cyclamen purpurascens* 78

Pilze

Buchen-Stachelbart, *Hericium coralloides* **71**, 72
Eichen-Wirrling, *Daedalea confragosa* 88, **89**
Lebereischling, *Fistulina hepatica* 58
Schmetterlings-Tramete, *Coriolus versicolor* **201**
Specht-Tintling, *Coprinopsis picacea* 88
Striegeliger Schichtpilz, *Stereum hirsutum* **55**
Zunderschwamm, *Fomes fomentarius* **71**

Tiere

Ackerhummel, *Bombus pascuorum* **118**
Alpenbock, *Rosalia alpina* **72**
Äskulapnatter, *Zamenis longissimus* 91, **92**
Auerochse, *Bos primigenius* 59, 60
Bachforelle, *Salmo trutta* 160
Bär, *Ursus arctos* 60
Bergfink, *Fringilla montifringilla* **67**
Beutegreifer, *Carnivora* 53, 60, 63
Blauflügelige Ödlandschrecke, *Oedipoda caerulescens* **167**
Blauflügel-Prachtlibelle, *Calopteryx virgo* 160, **161**
Blindschleiche, *Anguis fragilis* 150
Borkenkäfer, *Scolitinae*, v.a. *Ips typographus* 53
Borstige Dolchwespe, *Scolia hirta* **126**
Buchen-Zahnspinner, *Stauropus fagi* **70**
Buchfink, *Fringilla coelebs* 66, **67**
Buntspecht, *Picoides major* **51**, 84, 150
Damwild, Damhirsch, *Dama dama* 57, **63**
Drosseln, *Turdus sp.* 67, 110
Dunkle Erdhummel, *Bombus terrestris* **111**
Edelkrebs, *Astacus astacus* 160

Eichelhäher, *Garrulus glandarius* 86
Eichhörnchen, *Sciurus vulgaris* **85**
Eintagsfliegen, *Ephemeroptera* 160
Eisvogel, *Alcedo atthis* 165
Elch, *Alces alces* 60
Erdkröte, *Bufo bufo* 150, 157, **158**
Esparsetten-Bläuling, *Polyommatus thersites* **130**
Eulen, *Strigidae* 69
Feldhase, *Lepus europaeus* **63**
Felsen-Kuckuckshummel, *Bombus rupestris* **123**
Feuersalamander, *Salamandra salamandra* 163, **165**
Fleckhals-Prachtkäfer, *Anthaxia fulgurans* **55**
Fledermäuse, *Chiroptera* 68, 110, 194
Flohkrebse, *Gammaridae* 160
Fuchs, *Vulpes vulpes* 132
Fünffleck-Widderchen, *Zygaena viciae* **118**
Furchenbienen, *Lasioglossum sp.* **147**
Gefleckte Ameisenjungfer, *Euroleon nostras* **148**
Gefleckter Schmalbock, *Rutpela maculata* **112**
Gelbbauchunke, *Bombina variegata* 158, **159**
Gemeiner Grashüpfer, *Chorthippus parallelus* **117**
Goldammer, *Emberiza citrinella* 150
Goldene Acht, *Colias hyale* **130**
Goldschrecke, *Euthystira brachyptera* 116
Gottesanbeterin, *Mantis religiosa* 128, **129**
Grasfrosch, *Rana temporaria* 157, **200**
Grasmücken, *Sylvia sp.* 132
Grauspecht, *Picus canus* **84**, 150
Greifvögel, *Falconiformes* 53, 99, 110, 132
Großer Eichenbock, *Cerambyx cerdo* 82
Grünes Heupferd, *Tettigonia viridissima* 128
Grünspecht, *Picus viridis* 150
Habichtskauz, *Strix uralensis* 68
Halsbandschnäpper, *Ficedula albicollis* 84
Hartheu-Spanner, *Siona lineata* **123**
Haubentaucher, *Podiceps cristatus* 156
Haushund, *Canis lupus familiaris* 132
Hauspferd, *Equus caballus* **106**, 107, **138**
Hausrind, *Bos primigenius taurus* **107**
Hausziege, *Caprus aegagrus hircus* 133
Heckrind, *Bos primigenius taurus* **59**
Heidelerche, *Lullula arborea* 146
Heideschnecke, *Xerolenta obvia* **126**
Hirschkäfer, *Lucanus cervus* 82, **83**
Hohltaube, *Columba oenas* 68
Hornisse, *Vespa crabro* 68, 150
Hufeisennase, *Rhinolophus hipposideros* **195**
Igel, *Erinaceus europaeus* 99
Italienische Schönschrecke, *Calliptamus italicus* **200**
Kamelhalsfliege, *Phaeostigma notata* **200**
Kammmolch, *Triturus cristatus* **159**
Karden-Sonneneule, *Heliothis viriplaca* **126**
Kernbeißer, *Coccothraustes coccothraustes* **90**
Kleiber, *Sitta europaea* 84, **86**

Kleiner Eichenbock, *Cerambyx scopolii* **83**, 84
Köcherfliegen, *Trichoptera* 160, **161**
Konikpferd, *Equus caballus* 59
Koppe, *Cottus gobio* 160
Krebstiere, *Crustacaea* 160
Langhornbienen, *Eucera sp.* 123
Laubsänger, *Phylloscopus sp.* 67
Luchs, *Lynx lynx* 60
Märzfliege, *Bibio marci* **79**
Mauereidechse, *Podarcis muralis* **98**
Meisen, *Parus sp.* 84, 150
Mittelspecht, *Picoides medius* **84**
Mönchsgrasmücke, *Sylvia atricapilla* **151**
Mufflon, *Ovis gmelini* 57
Nachtigall-Grashüpfer, *Chorthippus biguttulus* 128
Nagelfleck, *Aglia tau* **70**
Neuntöter, *Lanius collurio* **131**, 132
Ölkäfer, *Meloe proscarabaeus* **120**
Osterluzeifalter, *Zerynthia polyxena* **148**, 149
Reh, *Capreolus capreolus* 60, **61**
Ringelnatter, *Natrix natrix* **156**
Rote Röhrenspinne, *Eresus kollari* 128, **129**
Rötelmaus, *Myodes glareolus* **69**
Rotkehlchen, *Erithacus rubecola* 150, **152**
Rotwild, Rothirsch, *Cervus elaphus* 57, **60**, 61
Sägebock, *Prionus coriarius* **83**, 84
Sägeschrecke, *Saga pedo* 128, **129**
Sandbienen, *Andrena sp.* **111**
Sandlaufkäfer, *Cicindela campestris* **98**
Schachbrettfalter, *Melanargia galathea* **116**
Schaf, *Ovis gmelini aries* 106, **135**, **182**
Schaumzikade, *Philaenus spumarius* **111**
Schenkelbienen, *Macropis sp.* **137**, 166, **167**
Schlingnatter, *Coronella austriaca* 91, 146
Schwalbenschwanz, *Papilio machaon* **200**
Schwanzmeise, *Aegithalos caudatus* **200**
Schwarzspecht, *Dryocopus martius* **68**
Schwarzstorch, *Ciconia nigra* 67
Schwarzwild, sh. Wildschwein
Segelfalter, *Iphiclides podalirius* 132
Senfweißling, *Leptidea sinapis* **117**

Siebenschläfer, *Glis glis* **85**, 144
Signalkrebs, *Pacifastacus leniusculus* 160, 162
Silbergrüner Bläuling, *Polyommatus coridon* **130**
Smaragdeidechse *Lacerta viridis* 91, **93**
Spechte, *Picidae* 53, 54, 67, 84
Sperber, *Accipiter nisus* **112**
Spinnen, *Araneae* 86, 98, 194
Springfrosch, *Rana dalmatina* 157, **200**
Star, *Sturnus vulgaris* **149**
Steinfliegen, *Plecoptera* 160
Steinkrebs, *Austropotamobius torrentium* **162**
Streckfuß, *Dasychira pudibunda* 70
Tarpan, *Equus przewalskii* 59, 60
Tauben, *Columbidae* 67
Teichfrosch, *Rana esculenta, R. Lessonae* **157**, 159
Uhu, *Bubo bubo* **99**
Veränderliche Krabbenspinne, *Misumena vatia* **127**
Wachtelweizen-Scheckenfalter, *Melicta athalia* **112**
Waldbaumläufer, *Certhia familiaris* **86**
Waldkauz, *Strix aluco* **55**, 68
Wanderfalke, *Falco peregrinus* **99**
Warzenbeißer, *Decticus verrucivorus* **117**, 131
Wasseramsel, *Cinclus cinclus* 160
Wasserläufer, *Gerris lacustris* 162, **163**
Weichtiere, *Mollusca* 160
Weißbindiges Wiesenvögelchen, *Coenonympha arcania* **118**
Weißer Waldportier, *Brintesia circe* **132**
Weißfleck-Widderchen, *Amata phegea* 91, **93**
Wespenspinne, *Argiope bruennichi* **128**
Wiener Nachtpfauenauge, *Saturnia pyri* 150, **151**
Wildpferd, sh. Tarpan
Wildrind, sh. Auerochse
Wildschwein, *Sus scrofa* 57, 60, **61**
Wisent, *Bison bonasus* 60
Wolf, *Canis lupus* 60, **62**
Zartschrecke, *Leptophyes punctatissima* **122**, 128
Zauneidechse, *Lacerta agilis* 146, **147**, 150, 165
Ziesel, *Citellus citellus* **132**
Zitronenfalter, *Gonepteryx rhamni* 132
Zweigestreifte Quelljungfer, *Cordulegaster boltonii* 160 **161**

Bildlegende Seiten 204–205: Jahrhundertealte Eichen säumen die Talwiese im Lainzer Tiergarten beim Pulverstampftor.

Bildlegende Seiten 206–207: Die Buche war ursprünglich der verbreitetste Baum in Europa. Im Wienerwald ist sie es auch heute noch.

Literatur

Brenner Harald, Drozdowski Irene (Hrsg., 2015): Wälder im Wienerwald. Biosphärenpark Wienerwald Management Tullnerbach

Drozdowski Irene, Mrkvicka Alexander (Hrsg., 2017): Perchtoldsdorf Natur. Naturhistorisches Museum Wien

Drozdowski Irene, Friedrich Philipp (Red., 2015): Weinbaulandschaften im Wienerwald. Biosphärenpark Wienerwald Management Tullnerbach

Drozdowski Irene (Red., 2015): Trockenrasen im Wienerwald. Biosphärenpark Wienerwald Management Tullnerbach

Drozdowski Irene (Red., 2013): Wiesen und Weiden im Wienerwald. Biosphärenpark Wienerwald Management Tullnerbach

Egger Hans, Wessely Godfrid (2014): Wienerwald. Geologie, Stratigraphie, Landschaft und Exkursionen. Sammlung Geologischer Führer, Bd. 59. Gebrüder Bornträger Stuttgart

Foelsche Gudrun und Dietmar (2011): Naturparadies Eichkogel. Hotspot der Artenvielfalt. New Academic Press Wien

Kalchhauser Wolfgang (2002): Geheimnisvoller Wienerwald. Auf den Spuren ur- und frühgeschichtlicher Menschen. Neuer Wissenschaftlicher Verlag Wien, Graz

Lammerhuber, Lois und Andreas Schwab (2010): Biosphärenpark Wienerwald. Edition Lammerhuber

Rieder Anton (2002): Der Wienerwald. Natur, Geschichte und Kultur einer einzigartigen Landschaft. Christian Brandstätter Wien

Wessely Godfrid (2006): Niederösterreich. Geologie der Österreichischen Bundesländer. Geologische Bundesanstalt Wien

Winna Friedrich (2000): Die 1000jährige Geschichte des Wienerwaldes. Gerold Wien

KONTAKT und ZEITSCHRIFT

Biosphärenpark Wienerwald Management GmbH, Norbertinumstraße 9, 3013 Tullnerbach.
BPWW Newsletter. E: <office@bpww.at> T: 02233/541 87

Von Werner Gamerith im Tyrolia-Verlag erhältlich:

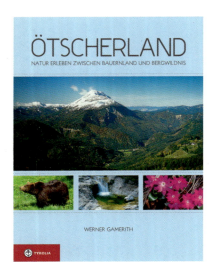

ISBN 978-3-7022-3044-9

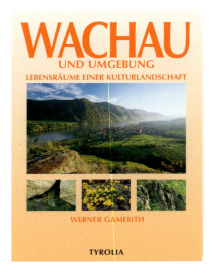

ISBN 978-3-7022-2514-8